告白

唤醒人灵性复苏的李载禄博士诗集百篇

告白

使人灵性复苏的李载禄博士诗集百篇

编者序

同很多年轻人一样，我也曾有过辉煌的梦想。描绘着考上名牌大学，进而出国深造，学成归来成为一名伟大杰出人物的雄心壮志。然而在我二十多岁风华正茂之时，这一美梦彻底破灭，我的生命坠入无尽的绝望深渊。

新婚之际一场突如其来的病患，逐渐摧残我的身心，以至满身疮痍。一事无能，身无持家之力的我，成为家人的负担和累赘。曾经友爱深厚的兄弟们，也因见我久治不愈，希望渺茫，便开始避讳我。令我深切感悟骨肉亲情的虚空，同时刻骨体会穷困之人的苦楚和悲哀。

在绝望的泥潭里苦苦挣扎的时候，神向我伸出了拯救的手。有一天在圣殿里屈跪双膝的时候，神使我身上的百病一次得到痊愈。从此神成为我生命的全部。

自从亲身经历神恩，对神爱的感悟日臻加深，随之深入了解神心意的愿望也变得倍加迫切。只要有空就祷告，只要听到哪里有复兴盛会召开，我就在第一时间赶过去，如饥似渴地聆听神的道。我对明白神旨意的渴慕之状，好比一棵为了寻求水源，将根基向地下深扎延伸至数丈的树木。此种心境在本书中表露无遗。

"我亲爱的父！
为获启父深奥旨意，儿今照常上山，
在父面前屈膝而跪。
……儿愿传扬父那深深的慈爱，
使父不被众人误解，
确切信靠，敬虔仰赖。"

在祷告中与神进行深层交通时，神向我指明祂在《圣经》中所蕴藏的博大无边，深邃无尽的心怀和意旨。并向我启示我心灵深处的告白，以及父神、恩主，乃至古人先知们的表白。由于心中的感动激荡难抑，与众人分享的心愿迫切，随将其汇编成《告白》这本诗集，今终得以发刊问世。

第一部汇编收录了神向人类的心声，以及人类的始祖亚当，乃至旧约时代的先知以诺、挪亚、亚伯拉罕、雅各、约瑟、摩西的部分告白。可以感受到神怀着长远的旨望和殷切的期盼造人在地上，并愿与人分享真爱的深邃爱怀。

"我心浩瀚无限，有谁能够参透？
我有意给予，却无处传达；
我渴望分享，却没有对象。
我宽宏博大的心怀，
我深邃无限的心宇，无人懂、无人知。
知我心者，我要借着他们显明我的爱。"

神照着祂博大的慈爱，造了人一切的细胞和器官。精心造出眼睛、耳朵、鼻子、口唇、手脚和五脏六腑，又将生气吹在人的鼻孔里。且因着祂丰富的慈爱对人类进行耕作，吸引众人进入真理生命。

"你们是我手所造，
我必信实负责，将你们引领到底。
你们信靠我，听从我，必得见我的荣耀，
感悟父的慈爱。我是造你们的父！"

神的心怀博大宽广，包罗整个宇宙，在祂有丰富的慈爱。祂是灵，不是肉眼所能见的，无人可以体悟到祂的慈爱。于是神将自己的独生爱子差到世上，叫祂为因悖逆而注定永死的人类舍命，将自己的大爱向人类显明，敞开了救恩与荣耀的道路。

第二部揭示降世为人的救主——耶稣的告白，以及施洗的约翰、使徒彼得、使徒约翰和保罗等伟人的部分告白。

"海边空寂安宁，潮润的声息轻涌，

　　如同父贴身的抚慰。

　　⋯⋯⋯

　　寂静安宁、颤颤水吟、

　　所爱之人的面容浮现，

　　差遣我到此的父的心意，我深有所感。"

　　这是耶稣在繁忙的圣工之中，在加利利湖边暂享休憩，重温天父温馨的慈爱时所作的告白。祂殷勤教训门徒，周游各地传福音，行神迹，日夜奔波忙碌；有时行船途中在舱里合上眼，有时同门徒拿干硬的饼充饥⋯⋯此时父神投向耶稣的目光会是何等温暖！

　　耶稣的告白中流露出向着人类的一腔浓烈的爱；甘心为人类承受饥饿寒冷千难万苦的无私的爱。因祂晓得天国的荣美与幸福，望着被罪沾染的世人，心急如焚。

　　临承受十架苦难之际，祂向父献上至美的表白——

"成就父荣美旨意的时刻渐渐将至"。祂所想到的不是自己舍命牺牲所要承受的苦楚。心中单单顾念留在地上的门徒，并为他们祷告，又想起将出卖自己的门徒，悲然喟叹："他最后的样子，我痛，我怜，心如刀绞。"

怀着万众灵魂蒙恩得生的盼望，祂以感恩的心走上了苦难之路。直至生命的最后一刻，祂依然顾念心爱的众人，将他们向父交托仰望。

第三部收录了我自身的告白。数年前，与圣徒们同行的巡礼途中，站在加利利湖畔，我心头涌现无尽的感动，感觉湖中每一滴水都在传递着耶稣的气息，仿佛置身于两千年前的光景。

"想到所望见的正是主曾凝望之地……"
"我亲爱的主啊，
就在这里，您曾驻留此地。
您的足迹留在了哪里？

当时, 您想到了什么? 您宣讲了什么信息? "

我重温着主的圣工, 再次笃定心志——"效法主慈爱的心肠, 倾尽生命爱众灵魂"。

"只要有可能, 哪怕是我的眼、我的耳、
我的手、我的膀臂、我的呼吸, 甘为众灵魂舍献……"
"不愿丢弃一个,
也没有一个不爱的……"
"我心却充满无所不能的爱。"

深切祈盼主用自己的生命所撒下的仁爱和信心的种子, 能够结出丰硕的美果。惟愿各位读者能够从字里行间感悟到神浓烈的慈爱, 心灵受到感化和滋润。

于客西马尼祷告处
满载祝福的2014年2月

李载禄博士

目录　编者序

第一章
我心爱的父

我的爱，我要显明！·2

我是造你们的父·3

人啊，可知我心否？·4

赐下治理万物的权柄·6

父看见，必欢欣喜悦！·10

我是何等愚妄的人哪·11

谨慎自守，警戒度日·12

恍如梦境·14

祂是怎样的一位神？·16

一株小草的触悟·19

儿最大的喜乐·20

父啊，如何是好？·21

我的父，我要称谢您！·25

父啊！愿至大荣耀归于您！·26

赐我的恩典与祝福·30

神的旨意必然成就·34

亲自召引我的神·37

对我极其宝贵·38

父所托付之使命成终之际·40

我要动工行此事·42

谁曾见过那样的泪·43

万人进天国是父的心愿·44

我预备的地方·46

第二章

我的新郎我的主

父啊，暂等几时…… · 50

父啊，您是否望见？ · 52

使我站在撒但前 · 54

预备主道的人 · 56

父啊，感谢您！ · 58

对父的思念 · 60

凝望加利利海 · 62

有父的爱，有永远的天国！ · 65

愿您托住他们 · 66

愿父怜悯 · 69

不生在世上倒好 · 70

愿他们不要忘了 · 71

成就父旨的时刻已近 · 72

有朝一日必感悟父爱 · 74

深深镌刻在心的爱 · 76

重温往事的情怀 · 78

没有主我活不下去 · 86

奔波不息作主见证 · 89

重温再寻主的足迹 · 90

因着主所赐予我的爱 · 92

若是换做现在的心境 · 93

投靠主的怀抱 · 94

单单仰望主完全的爱 · 96

受启解开父奥秘之事 · 98

在流放地切盼得见主的面 · 100

仿佛依偎主怀温馨安详 · 102

我要宣扬祂的爱 · 104

与我何等感激 · 105

望着浩瀚无垠的大海 · 106

愿主开启我的路 · 107

高声赞美我的主 · 108

主啊，我向您谢恩！ · 109

见主的渴望 · 110

一切都是主的恩典 · 112

我平生只做对一件事 · 114

切切爱慕眷念的主 · 117

因为有了你们 · 120

所赐我的荣耀何其之大 · 121

主的嘱托 · 122

这就是我的喜乐 · 123

第三章

父、主与我

求父启示深奥的旨意·126

所赋异象甚大·128

为守护父所托付的群羊·130

父的旨意成就在这地上·133

毫无显兆·134

在加利利海边·136

以主的心为心·138

愿父垂听我迫切的祷告·144

求父开活路·146

等候荣耀之日·148

悦纳眼泪·150

只要一息尚存……·151

向世人的深邃的爱·152

在祝福筵席上……·153

今天依旧尽心竭力·154

愿乘上灵流奋力前行……·156

没有一个不爱的……·157

上山祷告·159

如何才能拯救？·160

父的心怀·162

守望到底尽显父的荣耀·164

只想挽救这些灵魂……166

使父得安慰·168

我从未吝惜·170

所爱的祭坛·172

爱的痕迹·174

牧者的泪·176

为父荣耀·178

愿父得荣耀！·180

以万民的名彰显无限的荣耀·181

我今依然奔跑不息·182

直至那果子完全成就之日·184

盈满父眼里的众灵魂·186

亲爱的我的父·187

空中婚筵上的告白·188

在新耶路撒冷献上的告白·190

父、主与我·191

第一章

我心爱的父

我的爱，我要显明！

我心浩瀚无限，有谁能够参透？
我有意给予，却无处传达；
我渴望分享，却没有对象。

我宽宏博大的心怀，
我深邃无限的心宇，无人懂、无人知。
知我心者，我要借着他们显明我的爱。

我是自有永有的，
因着我的心意、我的慈爱，
我要给自己设定极限，

此时我立定计划，
日后要显明我的空间、我的心意、我的慈爱，
那所定之事，必将使我欢欣喜悦。

为了获得真正的儿女，与之永享爱与被爱的幸福，
太初神立定耕作人类的计划，分离为三位一体的神。
本诗为太初神元本心意的写照。

我是造你们的父

你们是我手所造，
我必信实负责，将你们引领到底。

你们信靠我，听从我，
必得见我的荣耀，
感悟父的慈爱。

我是造你们的父！

三一神
造人，并进行耕作，
负责，引领心爱儿女的旨意。

3

人啊，可知我心否？

我久怀的期待和所寄的盼望，
切切蕴含在里面，
我的美意、我的作工、
我的计划、我的希望，愿所有一切全然实现……

以我能力的手
精捏细塑每一个器官、每一个部位，
如此精致，如此俊美，
我将因他而得荣耀。

藉着他的后裔，遍满地面的子子孙孙，
我的荣美、我的恩慈、我的温柔，
我丰富的仁爱和全知全能的作为将广为传扬。

我如此精美地造就他甘甜的口，
秀美的唇、聪敏的耳、
灵巧的两手．双脚和他的一切。

他在我手中成为有灵的活人，
我久怀的期愿和盼望必将通过他成就。

人啊，
知我心否？
懂我意否？
造你身体，造你器官，造你细胞……造你一切
你感我爱否？

我照着久怀的期愿
造了这有灵的活人，
我所成就的这一切，都将显明我的荣耀，直到永远。

满怀期待、寄予厚爱，
这是神精心而造
起初之人亚当时的告白。

5

赐下治理万物的权柄

父啊，
掠过耳旁的微风，
蕴含着父柔和的声音，
轻柔拂面，传递着父温润的气息。

风的流转，
蕴含着运行宇宙万物的父的旨意，
领略父驾驭天地万物的手段。

创造万物时，
父将心怀意旨寄托在每一个细节中，将自己启示显明。
在山川草木的呼吸中感受到父的气息，
在风声中听见到父的语音。

虽然没有亲眼看到
父创造天地的样子，
但在全知全能的父所创造的万物当中，
我能感知父温暖的双手，父伟大的旨意。

父啊，
成就父的喜悦，成为父的果子，
这是父造就儿子的旨意。

儿今得蒙父的爱，
深蒙父的恩泽，高举在万物之上，
父啊！愿您藉这儿子的口，
得您当得的赞美与荣耀。

父起初创造了这一切，
彰显了父的爱，
使父的心寄托在处处。
使这儿子赞美父的伟大，
是父起初造子的美意。

父啊！我父啊！
您用大能造了儿子，
又赐给了儿子管理万物的权柄。

于是儿今同众人
建造这华美的标志，
以纪念父恩赐于儿子的权柄。

呈现于宇宙万物中的
三位一体神的威荣
和父的一切慈心美意，
承接在此，建造在此，父啊！愿您悦纳！

这美丽的建筑
成为父的安慰，
这建造者——您儿子的权柄和威严
也被高举。

是父亲手造了儿子，
赐给能建造如此杰作的能力。
愿此成为父的喜悦，
成为父的安慰。

父啊！
这个建筑，在父面前虽微不足道，
但是儿子愿通过这建筑
更加荣耀父的名。

父所赐的权能显现在此，
万物在父所造的儿子面前屈膝。
是您荣耀了这儿子的名。

父啊，我要称谢您！
将一切荣耀归给您。
愿父因您儿子得您当得的荣耀！
父啊！愿这建筑成为您的喜悦与安慰。

首先的人亚当生活在伊甸园的时候，
降到这地上建成显神荣耀的建筑
在满怀的喜乐和感激中向神献上的告白。

父看见，必欢欣喜悦！

何其壮丽华美！
其上的光彩，这地上何物堪与之比。

何其雄壮宏伟！
其上的威荣尽显父的尊严。

这是父荣美的呈现，
阳光投射下的奇光异彩
父看见，必欢欣喜悦。

在这寂寥空旷的大地上，
父的威荣尽然显明，
父使我掌管此地的旨意，
今终得以赫然显耀。

有灵的活人亚当
完成象征三位一体神的三个建筑工程之后，
向神倾诉的告白。

我是何等愚妄的人哪

究竟何至于此！
我今居然变成了这般模样！

本以为我心所愿，我意所向无不成就，
而今我竟落得如此凄凉。

那些护卫我的，
乃至父所赐予我的权柄，
已是一去不复返，
眼前这荒凉的大地，令我心头徒增沉重。

当初何必如此？
何竟背弃父的慈爱？
我是何等愚妄的人哪，
在这荒凉的大地上，不知如何活下去。

亚当轻忽神的吩咐，偷吃善恶树果，
被逐出伊甸园后，对自己的处境所发的悔叹。

谨慎自守，警戒度日

栖身在此冷漠之地，我何竟如此卑微、如此悲戚，
愚昧至极，昏聩至极。
在这地上，我要劳作苦活熬多久？
在这地上，我要数算日子到几时？
落到这般光景，何其卑微、何其悲戚。

当初从二层天降临一层天的光景已成回忆，
如今身处此境，竟是如此不同。
眼前的光景、脚下的土地、
身边的活物，都已不再熟悉。

这令我心里甚是恐惶战兢，
然而我明知这一安排，乃因我犯罪的缘故，
我立意要诚诚实实地度我在世的日子。

我安顿我慌乱的心绪，重温、憧憬在天的光景，
父所许我在世的年岁该有多长？
直到我一生的寿数满足，我要屈指数算在世的光阴，

为我做过的一切事，时刻警戒自己，绝不松缓。

因我一人所造成这地上的后果，
当以赎罪之诚、愧疚之心，
度我在世的每一个日子。
今我眼前呈现的世界如此落寞、沉寂。

天仿佛咫尺相近，实则遥不可及。
可悲！可叹！
然而我父怜我，
赐我新生令我欣幸。

陌生的生存环境，令我恐惧不安，
而我别无选择，惟有面对现实，
将来当我在世的生命终结之时，
但愿能够，再次与父相会、
与父重见。

犯罪的亚当被逐出伊甸园之后，
长久以泪度日，
懊悔自己曾经的愚妄所作的告白。

恍如梦境

"怎么活啊……"曾是那样忧思苦虑,
恍如刚刚过去不久,
就到我该离世的时期。

"怎么活啊……"我竟那样茫然无措,
父早将恩典为我厚赐。

一如既往的父啊!
赐我生命的指望、生活的勇气、生存的能力。

使我免于饥渴,
拥有眷爱的家族,
体尝眼泪的实意、喜乐的滋味、幸福的真谛,
我在地上的生活并不那么痛苦和忧惧。

现在,接到父的呼唤,
行将归天的此刻,我恍然如梦。

父啊，我再次向您
重述我曾经的愚妄、
深切的歉疚，以慰父因我而痛怜的心，
我要向父倾抒无限感恩的衷肠。

首先的人亚当被逐出伊甸园，
在地上接受神对人类的耕作之后，
气绝之前，怀着对天国的盼望，向神献上的感恩告白。

祂是怎样的一位神?

从祖辈的口中,
我已经领受许多训诲,
此刻,我一人独处,
望着葱茏的丛林,环顾四围的光景,
再次思量"这是谁造的,
是谁造就了如此广袤的世界?"

住在我里面的圣者,
造这一切美物的创造者、
造了我祖父之祖父,高祖之高祖的那圣者,

造就了这广袤无垠的世界,
顾念并且怜爱我们人类,
如今使我活在此地的父,
此时此刻,我的心在思想祂的奇妙。

当我一人独处,
望着穹苍,怀想父的面容,

漫步在这片土地上，安然休憩的时候，
也因感悟父的旨意和极美的大德，
心中涌现无限的感动。

我开口赞美那圣名，
从列祖的训诲中我已感悟，
"父"的奥妙，惟有祂配得赞美。
对祂的爱慕，日益增长，
对祂的思念，日臻加深。

"祂是怎样的一位?"
祖上的训诲不解我思，
向往的迫切难耐我念。
感悟愈明，思慕愈深。

祂的面容何貌？
祂的笑颜怎样？
祂是怎样的一位神？使我生在地上，

听闻大地的细语，
感悟天和天上繁星的奥秘。
在我一呼一吸中，我也感知祂那温润的气息……

我开口称颂祂的名，
我开口向祂倾诉，哦！我的父，
祂是怎样的一位神？

广袤无垠天宇间的圣者，我如何得见？
如何把祂铭刻我心中，作我生命的全部？
心中难抑切切的思念，
我的父，我日思夜慕的父。
祂是怎样的一位神？

亚当的七世孙以诺，
蒙与神同行之福前，
怀着对父神切切的思念所献的告白。

一株小草的触悟

父所造的这一切，
尽善、尽美。

一株小草，
也触悟我思索父创造的心意。

父的话，我常铭记，
与父同行常谈，我欣喜满怀。

随时向父摆上、颂赞父的作为，
是我的喜乐。

与人相聚带来的乐趣，
莫如与父独处，观赏父所造的世界，
那倾心吐意的喜乐。

父的家才是我切慕之所。

以诺被接升天前，
因善美之心
触悟小草中的神爱所献的告白。

儿最大的喜乐

父啊，
您对儿子爱之何深，
接我到如此荣美的地方，
使父喜乐倍添。

父所厚赐与我的爱，
无可估量，
使我尽享如此的广阔、荣美。

儿最大的喜乐，
就是在父身旁，
常与父同在，
厚蒙父爱的浇灌。

以诺被接升天，得进新耶路撒冷之后，
望见神为他预备的天上居所，
以爱父的心和满怀的欣喜献上的告白。

父啊，如何是好？

父啊，
眼看方舟渐已成型，
我深感那日子也渐近不远。
这方舟的筑造，
并未给我带来快乐，
反倒使我焦切、痛惜日甚。

我从未有过懈怠，
唯独依从父的吩咐，
忠于所托付于我的一切圣工
辛勤劳作，不舍昼夜。
随着一道道工序的完成，
反使我焦虑倍增，因那日子迫在眉睫。

父所指示我的，
我在心中谨记铭刻，
谨守遵行，无一疏忽，
方舟日渐成型，

工程日趋完备，
然而，望着世人，
我心反而焦虑更深，痛惜更甚。

父的心意我懂，
我开口宣告，他们充耳不闻，
我放声呼吁，他们闻而不屑。

他们有耳听不到，有眼看不见，
自己从何而来，往何处去，全不知情，
叫我如何不焦急，叫我如何不痛惜。

照父的吩咐，
虽然我与家人，
以及父所指示的各样活物也同进这方舟，
"世上的众人可怎么办？"成了我的牵挂。
爱怜之情、悲悯之意，哀之愈甚，思之愈重。
我尚如此，

怎比父的心痛？
父的心境，我岂能测透？

我依从父的话语，
甘愿舍弃我的一切，
我虽不能参悟、测透父的心怀，
但父吩咐我造方舟的美意，我能够感悟，
能够感悟父带领我逐步成就圣工的心意。

可我心中的焦虑，此时愈发加重，
是因我知道那日子就在眼前。
向着世人的，我焦切的心情，
父啊，愿您体谅！

父啊，该当如何？
他们从来不认识父，
他们看也看不见，听也听不明。
父的筹划，

今已显而易见，
可叹无人发觉醒悟，
不知何以使人回转心意！

父啊，
儿在父的计划中
必尽心竭力，直到那日，
一切的事必照父的旨意成就。

愿父作我随时的引导和帮助，
使这儿子所作的工，
万无一失，尽合父意。

挪亚照神旨意造方舟，
向人宣告必有洪水灭世的审判，
对世人麻木无睹的愚顽向神献上的告白。

我的父，我要称谢您！

我的父，我的父，
指引我生命道路的父，
我的一生全靠父引领，
父的大爱伴我始终。

我的父，我的父，
惟遵父的旨意，
我的生命单要称谢您。

凭信心的眼目，凭顺从的心志，
我的生命活出了您的荣耀。
指引我的父，我单要称谢您，

父所怀藏的心愿，
无不向我明示，引我顺命听从，
使我无可指摘，我要称谢您。

亚伯拉罕回顾服侍款待神使者(创世记18章)的
过往经历，
向父神献上的感恩告白。

25

父啊！愿至大荣耀归于您！

一生一世，作我随时的指引，
行在父神的计划和旨意当中。
在此临终之际，
我回首一生，心中无限感慨……
此时此刻父您依然在我心里作主，使我心中洋溢幸福温馨，
使我能以喜乐和感恩的心情，
踏上这归天的路，
我的父！我将感谢与荣耀归于您。

时至今日，我生命中满有祝福，
全因父的慈爱、父的指引。
我一生一世活在您的爱中，
凡事丰足有余，毫无缺憾。

您依然为我作主，拥我入怀，
我将感谢与荣耀归给您！

我在父面前
愿尽显完全的信心，
但偶尔动用己意，
然而父依然爱我，总要给我开一条出路，
使我在所行的路上常蒙您的引导，悉心研磨、精炼、雕琢我。

父的精雕细琢，造就我完全，
我心深处对父的感恩日增月盛，
看待万事，
不再以现实的眼光，
乃是以父的心、父的目，
感谢您造就我这般心境！

所以，今日得获资财丰盛，
享有尊荣，远播美名，
使父的荣耀在我身上尽显，
使我的名得万人的称颂，
儿女给我增添喜乐，将感谢归于您。

我生平从未有过灾病，
从未有过苦痛，从未有过劳苦艰辛，
感谢父使我一生身心安康，
凡事亨通。
更令我感谢是，
父使我得享
气绝离世后依偎您怀中的指望。

父啊，
感谢您，使我满怀感恩、温馨与喜乐，
在这生命的最后一刻……

我相信，此后一切尽在父的旨意中，
我虽放下肉身的使命，
父所定的筹划，
必照父的旨意成就，
在儿子身上所定的美意，亦必完美告终。

父啊，感谢您，
使我安然投向父怀，
向您献上感谢。

人在地上的生命本是短暂虚空，
然而，父使我的生命截然不同，
变得无比珍贵、享尊显荣，
辞别人生之时，
亦能满怀欢欣、感恩喜乐，
投进父的怀中。感谢您！

一切尽在父的掌控之中，
愿您所行尽显荣耀，
父啊，愿至大的荣耀归于您！

信心之父亚伯拉罕完成使命，
在生命的最后一刻，
思念即将得见的父神献上的感恩告白。

赐我的恩典与祝福

我的神啊，
我这一生，此刻回顾，
所谋无不随我所愿，
所求无不依我所意，
所思所得无不照我所欲。

但我终得醒悟，
我思我想、我欲我念，
竟是如此自私、贪婪。
在神面前尽显无遗，
使我得以洁净自己，
梳理心绪，
悟出神的旨意，得知真道奥秘。

我一生的年日里，
回顾每一个瞬间，并非都是无憾无悔。
神特殊的指引和厚待，
我的生命得以更新而改变，

使我子孙遍满，
恩典祝福代代相传，称谢我的神。
愿他们都在神的救赎旨意中，
凡事体贴神的心意，
行走完全之道，永不偏离。

当初我却愚昧无知，
不从父意，自负悖逆，
思虑盘算但凭己意，
策划谋事依赖智识，
终得醒悟一切尽是徒然无益。

我的神啊，
在熬炼的遭际中，我遇见了您，
心中顿生对您的渴望，
惟愿从我而出的后嗣，
时常记念神的心怀意旨，
殷勤成就神的圣工。

我这一生虽曾经历暴风骤雨的磨砺，
遭遇艰辛困苦的逆境，
但这一生满满的恩典与祝福，
都是从父而来！将感谢献给您！

我的神，
我父的神，我祖的神，
我心爱的神啊，您造就我全新的生命，
使我在您身边得享安息。我感谢您！

我的神啊，感谢您接纳我，
赐我进入您圣所的应许，
使我此刻心里得享平安，
相信藉着我子孙后裔，必成就您的筹划，
全然成就您约定的美意。

感谢您的爱，
使我常享您的恩典，

使我哀伤的泪、隐心的痛、忧戚的悲；
与心爱之人的别离，
以及埋在我心底的一切回忆，
在我的神里面得到抚慰，化为平安，
我的神啊，我向您感恩！

您顾念我的一切，
甚至在我双眼即将合闭的时刻，
照您的计划，一切的奥秘让我预见，
藉我成就您的美意，我的神，我感谢您。

我的神，
您爱我至今，领我至终，
使我在世享尽尊荣美福，
感谢我的神，
感谢您让我常沐神恩。

以色列始祖雅各在临终时刻，
因神造就自己的恩典，
向神献上的感恩告白。

神的旨意必然成就

我的神，我心爱的神！
在我懵懂无知的时候，您早已看在眼中，
您时常引导我，用您的真理造就我得以完全，
我的神，我要称谢您！

我一生一世平安稳妥，
凡事顺利，万事亨通，全因我父之宏恩，
我虽卑微渺小，却蒙父的眷顾和引导，终得成为完全人，
使众人因我屈膝敬拜耶和华我的神，
使我成为成就您旨意的器皿，我要称谢您！

我的一生无所匮乏、无所缺欠，
我所有的一切，满得神的恩典，
神所赐的恩典与祝福，
竟是如此之大。我要称谢您！

我即将闭目离开世间，
日后将成的事，必按神的计划和旨意成全，

人们常记不忘神的恩典。
惟愿您恩典之光照耀万众，
惟愿人们将您的恩典常记心中，
让感恩的心灵常蒙您的启悟引领。

神的同在，有了今天的我，
神的恩泽、神的荣耀藉我彰显，
神的圣名藉我广传。我要称谢您！

神爱充满我的生命，
神喜悦的见证，藉我多多彰显，
神美意的果子，藉我赫赫呈现，
使我成就这一切，增添您的喜悦。我要称谢您！

我原卑微渺小，一无所成，
但您顾念我，您以丰富的慈爱，引导我的道路，
使我得享福寿，
使我一生亨通顺利，

安然告别在地的人生。我要称谢您！

将来一切的圣工，
我相信必照神的计划和旨意成就，
愿神的恩典在这地上永远长存，
愿您的百姓称颂赞美承传不息。

我要感谢您！
想着您的爱，我要称谢您！
想着您的恩典，我要称谢您！
想着您使我在无尽的荣耀中得活，我要称谢您！
想着您将使我在荣耀中合上双眼，我要称谢您！

我将一切向我的神交托，
平平安安地归入您的怀中，
神的儿子，就是您所心爱的这儿子
投向父怀，使您喜乐满足。

生平得居埃及宰相的尊位，
使神的名大得荣耀的约瑟，在即将告别尘世之际
抒发对神爱的感恩之情，并将自己的民族向神交托仰望的告白。

亲自召引我的神

在天的圣者，
我的神，

我的愚蒙，
阻挡了我认识神，
此刻，眼看西沉的落日，
亦能感悟全知全能神的临格。

我盼望拥有，却一无所获，
我指望得着，却一无所得，
我渺小，卑微，一无所能，
神是爱我的，亲口召引我，
神是活着的，我深信不疑。

埃及公主的养子摩西，
逃离王宫，身历四十年旷野生活，
感悟神的永能之后所献上的告白。

37

对我极其宝贵

我的父啊，
对父的爱，对父的思念，
日复一日愈发加深。

前面任何险阻困境，
挡不住父大能的手，
更无法阻隔
我日渐加深的向父的爱。

切愿每一个灵魂，
安定在父您的手中，
愿他们的口，他们的手离开罪恶，
成为父所喜悦的子民。

父您手所造
每一个灵魂，对我都是无比宝贵。
愿父感化他们的心灵，不忘您的厚恩，
保守他们的口，不犯悖逆的罪，

使他们信心不要软弱，
不要惹动父的烈怒，
恩上加恩，使他们成为父的喜乐。

父啊，我是属于您的。

摩西通过四十年旷野的熬炼，
成为合神心意的属灵领袖之后，
表白切盼众灵魂远离罪孽的心境。

父所托付之使命成终之际

父啊，
父所应许赐我们的这福地，
实乃流奶与蜜的肥美之地，

虽然我不能近处观看，
但能从中感悟父的心怀，

在引领百姓的许多岁月中，
父与我同在，所经历的一切在眼前浮现：
彰显的许多奇事，恒久的忍耐，悉心的引领……

父赐使命之初，
我的心志，我的作为，
无不欠缺，实有不足。

如今的我在父面前
依然渺小卑微，我的时候已到，
日后将要成就的事向您交托。

愿父的威荣，
就是那显于四方，
历代常显的威荣，
藉着他们传承和发扬。

这是我为众人所作的最后恳求，
愿父心怀，
将父的恩典浇灌于他们，
就像时常浇灌于我一样。

带领以色列人出埃及的领袖摩西，
完成自己的使命，望着流奶与蜜之地——迦南，
向神献上的告白。

我要动工行此事

我要动工行此事……
为使我儿子的泪,
成为众人得生的至宝,
我的爱,将彰显在求看神迹的邪恶世代,
在深知我心意的爱子身上,
我要忍痛动工行此事。

我心已定意,
深信我的爱子,
必吸引众人领悟我深深的爱,
我要亲自动工,成就此事。

我万军之耶和华,
直到万民尊我为父,
我的工,必不停息。

神定意要成就的事,
就是藉着祂爱子的牺牲,叫众人成为祂真正的儿女,
父神当时的心境写照。

谁曾见过那样的泪

谁曾见过那样的泪……
那淌流不止的泪水……

看到儿子的面容，我定会伤痛；
这将成为人们的恩典。
我儿深知，默然无言，感恩依旧，
这更使我悲恸戚然。

世人不认识我，因为他们被罪恶蒙蔽双眼，
但为了向世人显明我的爱，
我定意让爱子担负这一重担。
这是以我和我爱子付出眼泪的代价来实现。

坚持，再坚持一些……
向前，再向前一点……
这是我内心深处的呼唤，向我儿子的呼唤。

为成就末时的旨意，眼看爱子即将受难，
哀恸流泪，痛在内心的
父神鼓励的呼唤。

万人进天国是父的心愿

我因爱你们，
设立了这祭坛，
按时将你们所不知道的
许多仁爱的道理指示你们。

我赐一个牧者来引领你们，见他如见我面，
若是领悟父的心，
你们也必知道能够呼吸，能够听见，
能够抒怀是何等大的恩典。

我的意念高过你们的意念，
我的心怀满有慈爱。

我所预备的地方，
愿所有的人都能得进。
我是你们随时的帮助，信实而善美的神。
我不愿丢弃一人，
愿所有的人蒙恩得救，我是你们的父。

你们称我为父，也是因着我的恩，
你们得蒙救赎，也是因着我的恩，
你们得进天国，也是因着我的恩，
你们有位牧者，也是因着我的恩。

我向你们施爱的机会，你们定要把握，
得进圣城天国新耶路撒冷的
乃是我切切的心愿。

希望所有圣徒都蒙救恩，
得进圣城天国新耶路撒冷的
父神切切的爱心表白。

我预备的地方

耕作人类的宏伟计划，
满我的心间，
为此付出的牺牲，是我爱的显明。

谁能知道我……
参悟我的爱，
我的计划深远宏大，
若不了解我元本的心，
谁能顺命，成就如此巨大的牺牲。

我的众子……
愿他们能够深明我为众人所付出的爱的牺牲……
我心中的伤痛；
我心中的良善；
我心中的爱情……

我的爱化作眼泪，
使我这宏伟计划完美成就。

我的百姓……
我的儿女……
我的名在这地上光耀辉映……

在我预备的此地，我的荣光将发现照耀。

我是耶和华神，
为人类付出我的一切、是人类一切爱的源头，
我是你们的父。

为了将每一个灵魂
引入真理，成为真儿女，付出一切的父神
深切之爱的表白。

第二章

我的新郎我的主

父啊，暂等几时……

父的旨意，
那慈爱的心怀……
与父相别，
那悲伤是我难以忍受的痛苦……

然而这却是
我爱父之心的流露，
只是短暂的别离……

这里的荣景，地上无处可比，
我心中的这爱，
不是人所能估量，
不是人所能测度……

父差遣我的心意，
凝聚父至大的爱，
当奇妙大爱彰显的那日……
便是父差遣我的根由。

直到与父重聚，
同行漫步。
在世那段岁月，
将是我慢长的等待。

父啊，
我已准备完毕，即刻启程。
请暂等几时，儿便归来，
父的爱必璀璨辉煌，普照万方。

做好担当救世主使命，
舍弃荣耀宝座，
降世为人准备的耶稣的告白。

父啊，您是否望见？

这里杳无人烟，
空旷、寂静、渺茫。

我眼所及之处，
这地土何其荒凉、何其贫瘠，
然而爱依然在我心中流淌。

身处此境，
父的爱依然满在我心，
环境不同，心境依旧。

父啊，您是否望见？
就是这地……
儿正以父的眼光
观望这地。

父怎样造就了这地，
又如何爱这地上的众人，

儿深知！
归回父身边的心虽迫不及待，
但向着人类的父的爱，包括儿子的爱，
最是这地上的急需……

父啊！
饥饿劳乏，困顿难忍，
在这完全不同的空间，
看来与属肉的人无异，
然而，儿的心还依偎在父的空间。

眼前之景，父可否在看？
时候已到，儿要复兴万事。

耶稣为成就救世主的使命，
降身人世，禁食四十天期间，
向父神所献的告白。

使我站在撒但前

父啊，
儿今身处这一空间，
有了切身的体会。

亲眼所见的万象，
亲历体悟的万事，
在儿暂留的这一空间里。

属肉空间的限制，
披戴肉身的感悟和体会
都是我未曾有过的经历。

我的父啊！
为何差遣我到此，
现在我才深深领悟。

所赐予我的实在富足，
这么多，该当如何运用？

这一切，又当如何成就？
我感谢您的指示。

今日，置身这空间，
您让我亲历，引我透悟，
使我直面撒但。

站在这里，直面牠们，
使我深悟
父空间的奇妙。

耶稣即将传道圣工之前，
被圣灵带到旷野，禁食四十昼夜，
体尝属肉的空间，向父神倾诉的告白。

预备主道的人

父啊,
您如此爱我!
叫我能够迎见我的主,
亲眼得见我主,安然告别人生,
献上无尽的感恩。

虽有不足欠缺,却蒙拣选之爱,
领受如此宝贵的使命,
得以迎接父尊贵的儿子,
预备祂的道,修直祂的路。
所赐恩典无人大过,我要称谢您。

我出身平凡,
却蒙天父召选,差遣圣工,
使父的荣耀彰显世上,
交我人所不能承受的重托——迎接万人的救主,
这极大的赏赐无与伦比。
我的父,感谢您的爱,

这一殊荣非人爱慕即能得着。
我将生命向父交托，
欣然留下完美的结局，
欢喜踏上归天之路。

在父怀中，
我将安然依偎。

施洗的约翰预备全人类的救主
耶稣的道路，完成使命，
殉道之际向父神献上的告白。

父啊，感谢您！

父啊，
此刻我流下热泪，
向父献上感恩。
这世上虽会有背弃我的人，
但父啊，令我欣慰的是，也有为我传道的人。

将会出现与我患难与共的人，
也有奉我名将荣耀归与父的人。

父啊，儿
并非独自承受苦痛，有父相伴，
子为世人、为父
舍命献身，苦难难免，

但我仍然感恩欣慰，
因有认得我们的人。
就像我认识父一样，
也有认得我的人。

父啊，感谢您！
父啊，感谢您！

万世以前
我与父同在，
曾安居在荣耀父的怀中，
然而为了世人，父差遣我到这地上。
儿子如今在这地多经寒冷饥饿，
所受苦难父都知道。

父啊！此时此刻，
蒙父施恩，子为父、为世人
流下这爱的眼泪，
感谢父！

终日宣传天国的福音，
每天晚上恒切祷告。耶稣
在寒冷的雨夜，热泪不止祷告时的内心独白。

对父的思念

阿爸，父！
怀想才息，思念又起，我的父啊！

今天，这清晨的空气，
如同父的声音，
沁透我心，思念随续。

柔波逐浪的潮汐，
拂润我耳，清凉如斯，
让我得以暂享休憩。

此时此刻，单是凝想我的父，
心中的甘甜在我嘴角泛起。

父啊，今天我又要走遍各地，
到众人等待的地方……
有合父心意的众人与我相随……
他们会成为我的帮助，我的力量。

亲爱的阿爸，父！
父啊，
我父啊，
我思念的父啊······

今日过去，
父的圣工又进展一天，
见父的日子又近一刻，
我思念中的父啊，今日我向您又前行一步。

凝望加利利海

父啊，
加利利的静谧空寂，
融达我心，直透我怀，

这世上的人在我眼中
一生都是艰险困苦。

父所赐的善美之心，
能够让他们得着是我所愿……

父啊！
我在这加利利海边，
思念着父，
海的寂静与安宁，使我如置温馨之境。

海边空寂安宁，潮润的声息轻涌，
如同父贴身的抚慰。

父啊，
我离开之后，
此地将会发生许多的事，
父的慈爱遍及一切，
愿有许多人感悟依靠。

父啊！
有声音传来，
那是父所爱之人的呼吁……
那迫切向父呼求之声，
为了这地上众灵魂的呼求之声，
传入子的耳中。

凝望着加利利海，
仿佛天上那海，
我的心平静安宁，

空寂无人之地，清净空灵之境，
与父感应交融，
令我砰然心动，
我的心融契于
父爱世人的博大心怀。

我所爱的人
还要留在这地上，
愿父的守望，
时刻不离开他们。

寂静安宁、
颤颤水吟、
所爱之人的面容浮现，
差遣我到此的父的心意，
我深有所感。

在加利利海，
坐在船上，眼望天空，
耶稣的感怀告白。

有父的爱，有永远的天国！

哎！世人何其愚妄，
对父的心，竟如此无知无觉。

眼见的不是全部，为何如此坠落？
有父的爱，有永远的天国，偏行己路要到何时？

我的心尚且如此伤痛，何况我父的心……
他们对我的心却无半点感悟，
为他们所显的权能并不少，何竟如此愚顽！

呼吁，呼吁，再三呼吁，
切愿众人感知我心，铭记不忘，
他们的愚顽，依旧沉重牵挂我心。

哎！父，我的父……
思念着父，儿子今天照常仰望天空。

传扬天国的福音，开展圣工，
痛心世人的愚妄，
思念父爱的耶稣献上的告白。

愿您托住他们

阿爸，父啊！
照父的旨意，儿子被差遣到这里，
现在正是所定的时候。

为成就父的计划，
回想与门徒同在的岁月。
周游各地传播福音，
宣告父的旨意。

但我离去之后，又要担忧所要成就之事，
千思万虑压我心头，
如此祈祷，儿的心，
愿父接纳。

背负十字架
儿深知这是何等大的荣耀，
将给多少人注入大爱的力量，
我同样深知。

然而，
回想在这属肉的空间，
与众人一同成就父旨意的经历，
儿不由潸然泪下。

父啊，
请为我软弱的门徒赐下力量，
使他们得着父的指引，
儿离去之后，
知道必有恩典临到他们。

为了父的荣耀，
儿承受十架酷刑
乃是理所应当，
传道期间我经受了一切，
为何此时令我忧愁，
为何牵挂占满心间。

降身世间，亲历体会的感受，
不同于儿在天上的意念。
领悟这天上人间的差异，
忧虑便重重压在我心。

父啊，
愿您托住他们，
愿父所筹划的一切，
在父里面能够全然成就。

日后藉着儿，
成就这一切圣工，
愿父大得荣耀。

为成就救世主的使命而降世为人的耶稣，
在承受十架苦难之前，
在客西马尼园回顾往事所献上的祷告。

愿父怜悯

看那流泪痛哭的儿子，
愿父体恤怜悯。

心中那刻骨的悔悟，
会引导那儿子当走的路，我感谢您。

"撒但，退我后边去吧！"
那儿子没有因我的话委屈丧志，
反而自省寻悟，引以为戒，
父啊，愿您记念。

预知彼得发咒起誓不认主之后，
将来必定流泪忉悔，
耶稣向父献上交托的祷告。

不生在世上倒好

行了如此可怕之事，
必遭不堪忍受之果，
那人不生在世上倒好……

他最后的样子，
我痛，我怜，心如刀绞。

预知加略人犹大将卖主求荣，
盼其回转的
耶稣的告白。

愿他们不要忘了

我的时候已到，
见父的日子已近。
众人留下，我将离去，
千叮万嘱，
只愿他们将我的嘱托铭刻在心……

我心满是挂虑，惟有把众人向父交托，
心里方得安宁，
然而，将来他们还要受许多的苦……

父啊，
我去之后，他们的伤痛，
儿子想起来就泪流不止。

他们是我爱的人，
愿他们不要忘了与我同在岁月和所得的感悟。
愿他们不要忘了我向着他们的恳切的期盼，
不要忘了我深切的爱。

耶稣在十字架受难之前，
心牵留在这地上的心爱的众灵魂，
向父神献上的祷告。

71

成就父旨的时刻已近

父啊，
我记得您差遣我到这地上的那一天。

那天是与父的离别，
也是我圣工的开端。

自那以后，儿子
这些年，将父的心怀，
向这地上的众灵魂尽显。

有时眼泪夺眶而流，
有时笑容漫过嘴边，
有时沉浸在对父的思念。

在父的旨意中，遇见预备的人，
履行父所允诺的圣工。
在这为我预定的日子，
我竭尽全心成就父的旨意。

成就父荣美旨意的时刻
渐渐将至。

回顾与他们共同经历的往事、
浮现那些会为我悲痛欲绝的人们、
想到父因我被挂十字架而承受的悲痛，
我难舍、难忍、难耐。

父啊！即将得见您的容颜，
有大荣耀为我预备，不要因我悲痛挂牵！

眷顾留在这地上的人们，
父施与他们的爱，
成为我的安慰……，

我的父啊。

面临担当十架苦难之际，
想到会为自己流泪的人们，
以及为之心痛的父神，耶稣所献的告白。

有朝一日必感悟父爱

亲爱的父啊！
我的时候已到，
父的旨意，
都照计划如实应验。

世人虽然愚昧无知，
有朝一日，父所造的心灵，
必会感受到父极大的慈爱，
请不要悲伤。

我所爱的人，
再次向父交托。

一人虽然爱我，
然而悟性欠缺；
一人心里温柔，眼角泪水常落；
还有一人信心软弱，思虑繁多；
还有一人内心刚直，容易断折……

他们因着爱我，
必走他们当走的道路，
就是殉道之路、喜乐之路、
合父心意之路。

父啊！
愿父借着所要差遣的人
成就您的旨意。

还有一人爱我，
在世之日要以泪度过，
愿父记念他。

耶稣为成就十字架的旨意被捕，
在关押中怀想着门徒们
所作的祷告。

75

深深镌刻在心的爱

我走在这条路上
看看周围这么多灵魂，
他们向我说什么，我却听不清……
可那些妇人的哭声，
却如此清晰地传入我的耳中，

此时的悲伤，即将成为荣耀，
愿她们的眼泪，不致白流，
父必回报她们所流的的眼泪。

那是为我流下的爱的眼泪，
那伤恸至极的悲伤，
那悲痛欲绝的哀号，
是深深镌刻在我心的爱。

那呼啸抽来的鞭子、
已经麻木无感的胳膊．沉压在肩的十字架。
这一切都是我将要离开这地的显兆。

父啊，我的父！
我完全可以承受这一切，
请不要为我心痛，不要因我心伤，

儿子即将得见父，
成为极大的荣耀！

耶稣背负木十字架上各各他山时，
遭受鞭打，血流满身，
仍挂念父神和灵魂的心境之表白。

重温往事的情怀

父啊，我的父啊！
您无所不爱，您的爱无处不在，
我的父啊！您是住在光明之中的完全者。
脚下的土地与同父初来之时已然不同；
人们已失去那起初被造时的美好。

父啊，
我脚踏的这片土地，
已经丧失起初的意义，
不再是与父初次同临的那地。
与父起初所造之人的样式相比，
这里人们的心态竟如此迥异。

父啊，
我站在如此变质的土地；
父啊，我站在其上
看到的是人们一同败坏的心灵和私欲。

然而父啊，

我已知晓，父您为何将我差遣到此，

又因这些心志败坏的人们受苦、遭难；

我已明了，父您为何使天上的荣耀与我远离，

降到这世界，亲历这一切的过程，

使我刻骨铭心领悟和感受这许多的事。

父啊，

我全然无惧，

父啊，但我的心伤痛至极，

因为我看到起初与父一起所造的那地已是如此变质。

父啊，

正是因为看到

人心如此败坏恶极。

父啊！但我相信，父必以您的公义和隐藏的奥秘，

必复兴这一切的事。

父，
这经历不过暂时，
因为此事一过，我必得享父所预备的极大荣耀，
必为他们开启一条光明的道路。
父啊，我满怀喜乐与盼望，
将这十字架背起。

父啊！
对我来说，十字架并不沉重，
头戴荆棘冠冕也并不那么疼痛，
惟因这已不再是我同父初次踏上的土地，
如今这地的变质，人心的败坏，
深扎我心，沉痛压抑。

然而，暂等片时，等到这事成了，
因着父的慈爱，在您的允准下，这条道路必然敞开，
荣光释放，那美妙的光环绕我身，
我相信这一切，故我能够走完这条路。

父啊！
我脚踩的那地乃是精金之地；
我所走过的那路，乃是纯金铺砌；
我所闻过的花香，无与伦比；
我所穿过的衣服，这地上的无法媲及；
我所住过的地方，是无比荣美的殿堂，
但愿这荣美、平安的地方成为他们的盼望。

父啊，
我深悟父的计划和旨意；
知晓您为何将我与您分离，赐我使命，降生人世，
踏上这片荒芜变质的土地，
认清这些败坏之人心中的念想和私意；
我赞美父您的慈爱与大德！
父的计划不差毫厘，
颂扬您的大能，成此大事！

父啊！
请您莫将脸转过去。
我因担当这一切，
可以减轻对父深深的亏欠，
不要因我难过叹息。

您所赋予我的使命，我欣然背起，
请不要转脸，看着儿子的身躯。
父啊！您是我最后的力量，
我的唯一、最后的能力。

父啊！
这一切的事，我必担当并且得胜，
您的容颜必将重新向我转向，
父的尊荣必使我同享。
因为再过片时，我将经历这一过程，
儿子的心无比地感动。

父啊！

不要难过，儿子将要走上这条苦路，

不要难过，儿子牢记父的重托，担当将要受的苦楚。

这是我当行的事，

是父指示所当走的义路。

我亲爱的父啊！

在人们看来，我默不作声、

讥笑我自称犹太人的王，倍受嘲弄。

然而，父啊，此时我重温往事的情怀，

我对父的爱，

我对他们的爱，

他们又怎么能感悟、明白？

父啊，

这一切成了，

我走之后，还会差来圣灵，

许多人将领会认识

将来要呈现的善工。
因此父啊，请您不要流泪，不要因我的苦难而掩面。
不要因我难过，不要因我伤感。

我追想回忆一切往事，
父那耕作的旨意；
父生我、又将我分离，
并创造人类的一切心意，
令我从心里深领彻悟。

父啊！
我的泪已流成江河，
浸透我的心，浸润他们的心，
一切的事都将完美成就在此，
父啊，不要为我难过。我爱您！

父啊，
直到这地上之生命气息断绝的最后一个瞬间，

我会思想父与我之间的爱，
父啊，请莫难过，不要伤感。
我之所以感到艰难，
非因我背负的这十字架的重担。

父啊！
您是我至上的爱。
直到儿子在十字架上被高高挂起，
直到流尽血水，绝尽气息，
父啊，一切往事我会追忆，
想其所想、思其所思，向他们深情呼吁。

父啊！不要悲伤，
愿您的名因这儿子大得荣耀，
父的计划和父的旨意，
必将完美成就，直到永永远远！

耶稣背负十字架
往各各他山顶艰难前行时，
回顾着神的计划和旨意所献上的告白。

没有主我活不下去

在我眼前的主，真是我的主吗？
主啊！站在那里看我为何这么漠然？
渴望投进主的怀抱，让泪可以尽情地流……
切愿依偎主的怀抱，把未说尽的话说完。
但因主不许，隔着距离，我也要向主表白。

主啊，您竟然能够活过来？
主您竟真的活过来，显在我眼前。
主啊，您果真复活再现！
主不在了，我未曾想象主会如此，
我只知道没有主我活不下去，
"往后该怎么活，靠什么度日？"
根本没有这样为自己的余生思虑。

站在我眼前的主，
形像比以前更为荣美，
主啊，此刻我亲眼望着我的主。
主已复活，求您容我投进您的怀抱！

容我投进我主的怀抱！
主啊，我曾经告白："没有主我活不下去。"
然而主您已经复活，显我眼前，愿主向我允诺。
愿主把我拥在臂弯，向我允诺：
"您在哪里，叫我也在那里。"

主被钉十字架时，听过女儿的告白。
"没有主我活不下去!"照着这句告白，
我不曾想过
"主不在这个世界上，我该做什么，我该怎样活?"
主啊，当时我心里承受的悲痛太过，
然而被钉十架受苦流血的主，
此时竟以如此荣美的形像向我显现。

主啊，愿您向我允诺。
主所去的地方，让我也可同去，
主所在的地方，让我也能同在，使我得以为主尽心服侍。
没有主我活不下去。

主啊，您已复活，求您向我允诺。
应许我必领我到您那里，在主的身边服侍。
主啊，别再把我留在这里。
主啊，主啊！没有主我活不下去。

没有主的人生，我一刻也没有想象过。
主您咽气之后，我不知所措，
从未思索"今后该怎么活？"

"没有主我活不下去。"我口中时常这样告白，
现在您已复活，显在我眼前，
主啊，愿您向我允诺，让我靠近主怀，
领我到主所在地方，永远与主同在。
这是我唯一的指望，唯一的期盼。

主啊，容我到主所在地方与主同在，如同当初那样
服侍主，除此而外我别无所望，
愿主答应我，使我的心愿得偿。

葬在坟墓里，第三天从死里复活的主，
初次向抹大拉的马利亚显现时，
抹大拉的马利亚向主倾诉的告白。

奔波不息作主见证

心爱的主，我心爱的主！
常把上好的福分厚赐，
爱我的主，
宝贵的主。

祂的爱，
我彼得这才深切领会。
许多人起来评论主，
但也无妨，
惟愿主的名得到更大的荣耀。

要做的事很多，
我彼得要见证我的亲眼所见，
见证祂的爱，一朝一夕太短暂。

我彼得奔跑不息，要见证我主的事迹。
我嘴唇虽曾有过不认主的过去，
而今要见证祂口中所出的那好消息……

曾不认耶稣的彼得认罪痛悔之后，
得见复活的主，成为新造的人，
并为主的福音奔波劳碌时所做的表白。

89

重温再寻主的足迹

何不早把真爱
存在我心深处，
何不早把那爱悟透，用以至诚服侍我的主……。
我的主，我的主啊！
如今为主的国度，
我才成为谨遵主道，孜孜奋进的使徒。

我回顾主宝贵的圣言，
懊悔自己昔日的愚蛮。
想起深爱我的主那双恩手，
我心深处激荡着感动的热流。

常陪伴我的主，
常看顾我的主，
趁着暂时的休憩，再思眷念我的主，重温主留下的足迹。
但求依偎主怀，
倾诉衷肠，哪怕得片时的重聚。

我思想常在我身旁指引我的主，
思考前面当行的路。
不为那首徒的使命感，只为那恩典与慈爱……。

我要带着感恩的情怀，
努力面前，直至招我的那日，奔跑不殆。
主，主啊，我的父啊！

主的首徒彼得
暂逢曾经与主同在的地方，
重温主的足迹，坚定自己的心志而献上的告白。

因着主所赐予我的爱

主啊，那掠过耳旁的风声，
似乎是主的呼唤。
激起对主那份深切的思盼！

在沉寂的夜里，
思想恩主，那份情愫蔓延无边；
追忆往昔，热泪无声涌出双眼。

这是与主伴行的道路……
这是与主分享的食物……
这是主亲口对我的嘱咐……
重温往事，
无一不是主的爱。
那时若有现在的感悟，一定会成为主的力量和帮助……。

主啊！我愿竭尽我力，倾尽我心。
回报主赐予我的爱，
向着主的国度，奋力前行。

使徒彼得结束一天的圣工，
独自沉思，掠过耳旁的风声
激起他思念主的深切情感表白。

若是换做现在的心境

往日跟随主奔波同行，
清晰浮现。
想起自己任性莽撞，跟随主照己所愿，
因得着真道、亲历权能，甚至仿佛自己与主一样，
炫耀张扬，处处表现。

主的训诲，我没有铭记于心，
为人行事、追随跟从只随自己意愿。
每次主对我的言语，都当成是对我的高抬，
主深邃的心意，其实并不明白。

若是换做现在的心境，
定以至诚待主，服侍在主身边……
我的主啊，我即将归回主面前。
归入始终温馨的主怀、
如同往日时常依偎安歇的我主恩怀。

爱您，我的主！

使徒彼得改变成属灵人之后，
怀想着主曾经对他懵懂任性的宽容
所献上的告白。

93

投靠主的怀抱

那十字架
是我亲爱主的荣耀，
我岂配被挂在那十字架上……
然而主许我得到那殊荣，
满是感恩，惟存心中。

主看着我信心弱小时的光景，
曾是怎样的心境？
如今我望那十字架的眼睛，
好似主的眼睛……
呵呵……

主啊，
主与我同在的那个时候，
我彼得若是有了现在的这般心境，
主的眼泪，我定会擦净……

不计我的愚蒙，主依然爱我到底，用许多的道理
对我耐心开导启悟……往日的情景，
主让我在这即将气尽离世的时候想起，
使我沉浸在往日的回忆中，流下感恩的泪……

主啊！我虽然没有为您做什么，
但此刻，能够为主献身，我心里已经做好准备。
即将要去见我的主。
与主同在的时候未曾得主的喜悦，
但如今我成了主的喜悦，可以坦然奔向主怀。

长长的胡须和花白的头发
述说着岁月的沧桑，
我彼得昔日、今日，始终不渝，
对此，主您知道。
此刻我将放下一切，平安投靠主怀。

使徒彼得临殉道之际，
望着自己将要被倒挂的十字架，
流着喜乐与感恩的泪水献上的表白。

单单仰望主完全的爱

即将被挂十字架，
结束我的生命，
回顾过往，感慨万千。

对我鲁莽的行为和无礼的举动，
时常以笑颜相待的同工，
虽愿向他们道出我心里的亏欠，
可现在的处境，却不能如愿。

常向我伸出温暖的手，引领我的主，
我即将得进那永远与亲爱主相见的荣耀之地，
但我要再次
再次向祂表白：

主啊，愿您饶恕
我曾经的愚妄；
今我将要得胜，到主那里去；
我本愿在我此时所望见的这地上

成就更多的事，
我相信留在这地上的众人，
必结出许多果子来。

你们不要像我彼得这样，
使主的心痛伤，
单单仰望主完全的爱。
这是我向你们的嘱托和规劝。

我的灵魂将要得见主的面，
得享安息直到永远。

使徒彼得结束在世一切的圣工，
倒钉十字架殉道时献于主的告白，
以及向留在地上的众人所作的嘱托。

受启解开父奥秘之事

赐我能够呼求的恩典，
感谢我的主。

父啊！在众多蒙主爱的人当中，
我独蒙此任，受启解开父奥秘之事。

双膝碎裂般的疼痛，
幽暗笼罩的此地，
回荡我的呼求，
充满我的声息。

我主所受的苦难，
我一刻也没有忘记，
因主所赐的环境和这宝贵的使命，
我心中充满了感激。

直到众人欢聚，
依偎主的怀抱，讲述彼此的圣工经历、

倾诉对主的爱意那日，
我要在此屈膝再屈膝，
成就父所指示的事。

无论何事，无论何境，我无所畏惧，
因为我的主、我的父与我同在，
爱我如斯。

使徒约翰因神的旨意
被流放到拔摩海岛，为了领受主奥秘的启示，
呼求祷告时献上的告白。

在流放地切盼得见主的面

我身负主所托付的使命，
照主的吩咐，
我在此俯伏等候。

若没有主的引导，
我今日岂能传述
主的启示、
父国的奥秘！

此时我独有一个盼望，
就是投入主的怀抱，
与主已有太久的别离。

虽然时间漫长难捱，
一切仿佛瞬间，
今天我在这流放之地，
切盼得见主的面。

就像曾经与主同在，
众人同聚，和主一起面对面，
重温往事，与主交谈，
我心感恩无限。

或许是今日？也许是明天？
我时刻爱慕想望与主相见，
主啊，愿您成全。

使徒约翰在流放地拔摩海岛
恒切祷告，成就属灵的爱之后，
切慕与主重逢的那日的心境表白。

仿佛依偎主怀温馨安详

啊，啊……何其奥妙！
父的旨意
人因愚昧，难以全然悟透，
父无限的心怀，言语岂能述尽。

主啊！
主在世的时候
多显奇事，
多行异能，多讲道理，
原来旨在叫我们明白这许多奥秘之事！

周围不见一人，
然而主的灵将我拥抱，
令我仿佛依偎主怀，温馨，安详。

思之愈深，念之愈切；
眷念之情，难以形容，
我这老主仆的脸颊上热泪奔流。

我的心情依旧
像是撒娇的孩子，依偎主怀。
可是时光荏苒，
如今我在此地，
主却在那边……

主啊！
思念的光阴不停累积，
拉近了到主身边的距离。

不畏任何逆境苦难
完成自己使命的使徒约翰，
回顾自己的一生，以感恩之怀，思念之情向主献上的告白。

我要宣扬祂的爱

世上还有像我这样的愚人吗？
曾经逼迫主，藐视主名的我……。
己意满心，未得恩典，
自义当先，固执冥顽。

然而有一位，向我伸出了温暖的手，
因着得见祂的渴望，投入祂怀的想往，
我今依然奔走当行之路。

所赐我的这宝贵使命，
传扬主爱的这伟大使命，
我要倾尽我心，奉献我的全部，
宣扬祂的爱。

直到祂招我归天的那日，我要向主奉献我生命的全部，
叫我一切的作为不至惭愧。
我心爱的主，我的主．

曾经逼迫信主的圣徒，
后来在耀眼的光中遇见恩主
并成为外邦人的使徒，为主付出舍命之忠诚的使徒保罗内心告白。

与我何等感激

我的主啊！
我要称谢您。

我为主的名受鞭打，
心里无比地感恩。

我虽卑微渺小，
竟蒙如此大爱，
能为主荣耀的名承受逼迫，
与我何等感激。

罪人中的罪魁，
竟蒙如此恩典！主啊！我感谢您。
我心爱的主啊！

使徒保罗传福音时被捕，
受四十减一的鞭打，
依然向主谢恩的告白。

望着浩瀚无垠的大海

在这里，
我能够思想恩主，我向您谢恩。
我的双脚得以休息，我的身子得以安歇。

望着浩瀚无垠的大海，
凝思父极美的大德。

想起主对灵魂的无限宽容、
无限慈爱，令我心中感慨万千。

任何险境，
我都不惧，因有我主、
我父与我同在。

使我口中常有赞美和感恩：
我的父，我的主，
我爱您，向您谢恩。

遇着船坏，在海上漂流的使徒保罗，
身陷不知何时被解救的绝境中
依然向主献上感恩的告白（徒9章）。

愿主开启我的路

黎明的夜空，点点繁星，
那一颗颗闪亮的星，是主慈爱的目光。
主是否也曾这样仰望星空？
那镶嵌夜空的璀璨之光，是否也牵引着您的眼睛。

主当初您是怎样的心境？
是否与我此刻相同，
也在思念天上的父？
在天上镌刻了什么？
我的面容是否也在其中，
在我此时仰望的那片天空。

主啊，
我的心全然向您！
我满腔的激情无可阻挡，
与昨日一样，今日，明日
传扬主名我热情日盛，愿主开路领我前行。

使徒保罗遇着船坏
一昼一夜在深海里（林后11章），
望着夜空中闪烁的繁星献上的告白。

107

高声赞美我的主

喜乐赞美我的主。

超乎万名之上至大的主，
我高声赞美您。

赐我气息，能够开口；
使我有口，能够颂主。
我心里惟有感谢。

我全心全力赞美天父，
灵恩充溢，喜乐满怀。

超乎万有独一神、
我的父、
我的主，我赞美您。

我全心全力赞美那至大的主。

保罗和西拉传福音
遭受棍打，下在内监，
向神献上的感恩赞美。

108

主啊，我向您谢恩！

主啊，
我能够重新睁开眼睛，
我的心可以继续作主见证，
依然火热，为主沸腾，
我的身子能够支撑，能够迈步前行，
能够暂时体尝主受难的苦情，
我向您谢恩。

我曾抵挡主名，
逼迫信众，
如今变成甘为主名受逼迫的使徒，
我将感谢归于我的主。

遭人乱石击打被拖至城外的使徒保罗，
因主的大能得以重活，走进城去时
献上的告白。

见主的渴望

我的主啊！
非因生命的长短，
不在环境的危急，
地上生命的长短于我并不重要，
心中焦切难耐的是见主的盼望。

我面前曾有许多人经过，
其中不乏为主舍命的人，
我想他们拥有与我相同的心境。

成为父的儿子，
成为呼求主名，爱主颂主的儿子，
成为担负使命，为主尽忠的儿子。

但在我心的另一面，
常存见主的渴望，
今日抬眼望天，依然泪盈双眼。

逼迫和苦难不是我的忧伤，
我流泪，是为父的圣工和众灵魂所牵，
是为心中见主的渴望，是为那刻骨的眷想。

我的主啊，我的父啊！
我心切盼这热泪止息的那一天。
请悦纳我的爱，我主啊！

使徒保罗在殷勤传道的途中，
仰望天空，
向主和父神献上的告白。

一切都是主的恩典

我经历的苦难，
岂能与主的苦难相比，
微不足道，羞于启齿，
有主温馨的抚慰，常化作我的力量，
使我能够支撑身体。
这一切岂非主的恩赐。

我能自由呼吸，
我能躺卧休息，
我能开口讲论，我能奔走传扬，
皆因主恩准，白白所赐，
叫我如何不感激？

有体无识，不能作主见证，
能走无恩，不能传扬主爱，
有口无爱，所传尽是空言，
赐我恩典，日日充溢满怀。

一生所蒙的最大恩典，
就是使我走上使徒道路。
我竟蒙得如此荣耀，
我要感谢我的主、我的基督。

我举目望天，
眼中的热泪就是珍贵的爱的结晶，
这一切无不令我感激涕零。

直到我生命之路的尽头，
有我的最爱、有我的大喜乐，
让我依靠，得以坚持。

传福音时无辜受苦，
遭受重打，
却仍以喜乐和感恩的心走自己当走之路的使徒保罗的心境表白。

我平生只做对一件事

我平生只做对一件事，
就是遇见了主，与主内的同工
携手兴旺父的国度。
我的身体虽将归于一把尘土，
但我灵魂要投靠我日夜思念的恩主。

一想此事，感动的泪水止不住地流。
对祂的思念，何等深切！
我的身躯被捆锁不能动弹，
一身疲惫和憔悴，
然而我的思绪依旧温馨，我的心情无比欣慰。

因为不认识主，我曾妄行逼迫苦害。
为那因我遭害的众人，我以赎罪的心，
时常念想他们受苦的情形，祷告恳求。
我切望不再出现像我这样的人，
直到此刻，殷勤传扬主爱，从未懈怠。

回首往昔，见证主道，
彰显权能，结束一天的圣工，
对主的思念占满心间，心中无比甘甜；
众灵魂向我求问主的奥秘，我欣喜难抑，
众人更新改变，作主的见证，
我的喜乐更是无以形容。

历经苦难的岁月，却不觉苦累，
因为心里常存难以言喻的幸福与喜乐，
想起恩主，困乏、逼迫算不得什么。

呵…呵…呵
幸福快乐的我的一生。
"为主，我还可以奉献什么？"我扪心自问，
然而如今我的形像，在父的眼里，在主的眼里乃是何等宝贵。

唯有一件事压在我心头，
就是对留在地上的众灵魂和同工的挂虑。

然而我相信父的旨意必然成就，
父必设立合适的人为神国效忠，
并亲手引领。

常伴我同行的人们……
为我流泪祷告的人们……
常供我所需，为父的国，为主的荣耀
与我同工同劳的人们，
他们的面容在这深夜，使我心动。

这是暂时的别离，
相约重逢的日子，
我将投靠主的怀抱，常为众人祈求祷告。

父，我的父，
主啊，我心爱的主啊！
此刻，这儿子到父和主那里去，

使徒保罗在临刑前，
回顾自己的一生，
献于神和主的告白。

切切爱慕眷念的主

心爱的主！
我即将得见主的面，
迈向斩首台的每一个脚步，
都是喜乐与感恩充满。

肉身虽被捆锁，
灵魂却是自由，
死，我丝毫无惧无憾。

心里惟有一念，
那深慕眷念的主，我将亲眼得见，
心情激荡难掩，箭步奔跑向前。

昔日大马士革路上，耀眼的光中，
主亲自向我显现……

我曾对主逼迫，
与主为敌，残害教会，

如今主却在荣耀中接纳我，
主这般宏恩大爱，我何以偿还？

主啊，我虽已将生命献于福音圣工，
但我时刻省察自己何处还未尽忠，
主所赐予我的使命，
我是否全然担当，完好履行。

往日与我同心
为主传扬福音的同工，我所爱之人，
主啊，求您记念他们。
我即将投入主的怀抱，
可留在身后的他们时时牵挂在心，浮现在目，
愿主用托住我的爱
托住我所爱的人们。

回顾一生的经历，
献给主的告白惟有感恩无限。

我虽卑微渺小，却蒙主恩召，
主的慈爱更新我灵，
主的大爱满我心怀，
主的旨意引我道路，主的权能藉我彰显。

即将与心爱的主相见，
我心中向往主的喜乐
如潮澎湃。
主啊！求主接收我的灵魂。

使徒保罗
迈向斩首台时
向主倾诉的告白。

因为有了你们

我要走的是我当走的路，泪，不要为我而流，
当为众灵魂而流。

因为有了你们，我的圣工才得力传扬，
因为有了你们，我的圣工才闪耀光芒。
今天我们只是暂时的别离，
将来必以喜乐的心再次相聚。

我愿你们记念我的死，好叫万人知道爱主之人的死
是何等有福。
为主圣名失丧生命，
是何等荣耀。

愿我使徒保罗在你们的记忆中，
只是一个甘心为主舍命的蒙福之人，
但愿你们的生命中，
独有恩主、惟有真理。

使徒保罗到了刑场，
以哀切的泪向着看望自己的众人
所作的内心嘱托。

所赐我的荣耀何其之大

主啊！是满在我心中的主吗？
是我切切思慕，流着泪，
呼唤万遍的主吗？
所赐我荣耀之大，令我不敢抬头仰望。

我的奖赏何竟如此丰盛？
我没有为您做什么，却蒙受良多，
所作圣工，全靠主恩，所得荣耀之大，却令我惊讶。

此刻我要放下主托付我的使命，
就是使徒的使命，投向主的怀中。
因我知道完成这一使命必得依偎主怀的荣耀，
我心中满得喜乐、幸福和感恩。

此刻我欢喜投靠主怀。
求主记念留在地上的众人，
用主的大能托住他们。
我将坦然依偎恩怀。

使徒保罗在刑场临死之际，
看见向他显现，
等候他的主献上的告白。

121

主的嘱托

你们要记念我为心爱之人
流下的泪、流出的血，
常念在这末时，父差遣的牧者，
毋受罪恶的辖制，毋被虚空的世界所胜，

顺从父的呼召，
记念活出父荣耀的人，
切愿我的血不致白流……

我会常在你们身边，
时刻看顾你们，
莫使我的眼目向你们掩闭，莫使我的心门向你们掩关，
为所有人都能在我复活上有份，我会不住地祷告。

我殷切之心
愿你们通过你们的牧者时常感悟体验……
愿你们藉着你们里头的圣灵
时常醒悟领会。

主向活在罪恶满盈
之末时的我们
所传递的嘱托之言。

这就是我的喜乐

荣耀我名的人哪！
他们的名光耀灿烂。

一个又一个美名的出现，
这就是我的喜乐。

世上罪恶满盈，
玷辱父和我的名，
然而那成不了真实，
岂可堪比即将显明的事，
将要显明的荣耀言语难以说尽，
父的威荣无人可及，无可阻止。

这是我为众人日日常献的祈祷，
父的旨意必定成全。

主希望我们改变为圣洁的儿女，
得享至高地位、无上尊荣的
深切表白。

123

第三章

父、主与我

求父启示深奥的旨意

我亲爱的父！
为获启父深奥旨意，儿今照常上山，
在父面前屈膝而跪。

我亲爱的父，
若没有这圣言真道，
我焉能知晓父的旨意，
亲爱的父与主的心意，我怎能参悟？
这圣言真道即为我的生命指南，
也是父与我相连的纽带。

信众虽多，
却无人晓得父深层旨意，
更无人能够参悟父深切心愿。
创世记直至启示录，
父无穷无尽、深邃的旨意，愿蒙启详解，
祷告时，使我感悟父的心意，
父所隐藏的，

圣经中的奥秘，切盼启示与我。
儿愿传扬父那深浓的慈爱，
使父不被众人误解，
确切信靠，敬虔仰赖。

我亲爱的父，我的主！
为知晓父旨意上山，屈膝向父的这一刻，
对父、对主的思念何以这般焦迫！
我眼中泪流不止。
惟愿依偎父怀、投靠主怀，
此时此刻，切盼能够完全参悟父的心愿。

父啊！
思之愈深，我思念的父啊，
我心深处思念父的潮涌从未止息。

教会开拓初期，为求神启解圣经，
频频禁食，定期祷告，
经常上山祷告时的告白。

所赋异象甚大

惟靠信心，遵从不怠，
无论什么吩咐，
仆人的心始终如一。

日复一日，年复一年，
对父、对主，以及对众灵魂，
我心越发情深意浓，
那就是爱，权能的源泉。

再多一点，再多一点，
切愿我父、我主的权能越发显大；
荣耀越发显大；
越来越多的灵魂
认识我父、认识我主。这是我常献的祷告。

我流泪、我忍饿，
我向着众灵魂的心，愿他们能够领会，
我的祈求越发恒切。

为着交付我的大异象，
我必须每天时刻不停向前。

托付我，
也是交付本祭坛的这至圣旨意……
我能做到！我定做到！
有我父同在，
有我亲爱的主相助，我必做到！

开拓教会后，
为使父神与恩主的荣耀显大，
出于信心的祷告。

为守护父所托付的群羊

任何人
都不能阻断我爱的牵索……
我的思慕，我的热情、
我的满腔悲凉……

惟求父的荣耀、
主的荣耀时刻得到彰显；
我父、我主
知我心肠，我必忍受一切。

无论人口出何言，对他们的愚昧，
我心里只有怜悯，
儿求我父记念。
为了他们的救恩、
为了亲爱的父的羊群，我今依然尽心竭力。

父……
亲爱的我的父……

虽然连开口说话的气息都已耗尽，
我依然更紧地双手相扣，
凝神专注，竭力呼求。
为深爱的众灵魂能得到看顾保守，
我的身体、我的状态早已无暇顾及。

恳切之深，
恳切之甚，
全为父所托付的群羊得以守护，
儿攥紧双手，一刻不松。

倾心竭诚，
拼尽全力。
泪已流的太多，"不知还剩几滴？"
但为他们依然泪淌不止……
这是我对父、对主
对众灵魂的心肠。

那祝福、那应许……
我一遍遍反复默念、吟诵，
在期待中又结束一天圣工。

有父、有主与我常伴，
儿今又得力奋然前行，
那祝福必信得着……

"使徒保罗所走的路，那是怎样的苦难？
那苦难之路，换了我能否承担？"我扪心自问。
直面残暴、苦难，依然感恩称谢的信心之路……
他的信、他的义，令人追忆、令人感叹，
不禁让人潸然泪下。

摆在我面前的，同样是一条不寻常的路，
父若命我重走此路……
子定甘心乐意遵行父命。

1999年教会经历神旨在赐福的熬炼过程中，
同圣徒们一起进行的
21天但以理彻夜祷告会时献上的祷告。

父的旨意成就在这地上

父命我前往，
我即刻遵命而行。
愿父的旨意成就在这地上。

儿求父保障，
那大荣耀藉儿彰显。

2000年，在神的旨意当中
世界宣教之门敞开。
当时向神献上的祷告。

毫无显兆

向着众灵魂无休止的怜恤，是儿的心怀，
多一个灵魂认识主，是儿的心愿……
面对濒死的众灵魂，
天国福音、生命之道、父的权能，
渴望急速为他们传播彰显……

毫无显兆，时至今日，惟有向前、向前，
口中惟有信心的告白。
一心仰望我天上的父，
不住祷告，恳切祈求，
父在查看，儿获保障，
父的慰藉，是儿活着的力量。

直面难以承负的环境，
父助我凭信得胜，
父的心，我彻悟深感，终至模成。

心爱的同工，坚定信心的目光，
心爱的同工，张开信心的口唇……
心爱的众灵魂，
愿父的祝福与应允临到他们……
父啊，愿您的荣耀大大彰显！

2000年，为引导"乌干达联合大盛会"，
飞往目的地的航班内，一心寻求神旨，
为众灵魂献上的祷告。

在加利利海边

我亲爱的主啊，
就在这里，您曾驻留此地。
您的足迹留在了哪里？
当时，您想到了什么？您宣讲了什么信息？

今天，儿遵父命向您屈膝。
元本声音的实意，
虽还未能悟透，但我遵照父命，
此时此地、就在我心爱主眼目凝望的地方屈膝，
履行父所吩咐的旨意。

主的声音还存留在这里，
是否等候今日这儿子的声音会集，
想到所望见的正是主曾凝望之地，
儿的心深深感动。
主啊，当初您带着怎样的心情驻留此地。

众灵魂的追随和供应，儿从无缺乏。

许多人爱我、钦慕我、追随我，
儿一无所缺。

只为全然成就父旨意，
儿在此跪求。
我的事工与主的圣工无法相提、不能并论。
我的眼泪，父为我擦，
主为我抹，心爱的人为我拭。

我所有的一切，尽在父的荣耀中，
求主莫要挂虑。
今日所发出的声音，
日后必然发光，彰显父的荣耀和主的荣耀，
儿坚信不移，听命等候。

2004年，圣地巡礼途中，
在主的气息弥漫的加利利海边，
为日后的圣工献上的预备祷告。

以主的心为心

我父啊，
有真正蒙父喜爱的人；
也有不得父喜悦的人。
然而，在儿眼中，
他们全都宝贵无比。

即便是小子中的一个、
还未脱去肉体辖制的灵魂，
对我而言，他们都是待结之果，
是我必须悉心引领造就，向父敬奉的
善美果子。

那些无可救药的灵魂、
那些断难饶恕的灵魂，
儿都是设身处地为他们哀恸，
竭力向父代求，争取赦罪恩典，
得获重生机会。

我主降世为人，来到地上，
虽曾受众尊崇，
更是横遭苦难，被人藐视、受尽讥诮。

然而，我主爱人到底，
想人所想，思人所思，
为使他们多得一次机会，
祈求中保，祷告不止。

儿以主的心为心，
持定不愿丢弃一个灵魂的信念，
奔跑至今。

父珍视灵魂的心怀，
儿从未敢相忘。
资质缺乏的主仆、有失本分的主仆，
每一位我都视若己命，
父啊，您是知道的！

那些回避我目光、
躲避见我面的主仆，
为使他们
重蒙恩惠，复燃热心，
胜任主仆应尽的职责与使命，
儿素常恳切代求。

肉体的意念太多，
不情愿顺从的主仆，
儿也不轻易指责、训斥，
而是怜恤他们肉体意念满腹
所致的苦楚。

惟有心怀他们，惟有祷告祈求，
为使他们得到属天能力，破碎肉体意念，
得以听命顺从，儿向父殷切代求，
我父啊，您是知道的！

为众灵魂承受的
哀恸和重担，
儿从未认作辛苦，
父所交付为灵魂祷告的使命，
反成我的喜乐。
凭借祷告使他们更新变化，
感谢父恩赐我能力。
我的祷告，
父已垂听应允。

父啊，儿将恒定心志，
直到见父之时，
竭力引导更多灵魂得到更新变化。
为将父所托付我的众主仆，
牧养成为更有能力的主仆，
造就蒙父喜悦的器皿，
儿将每天更加殷切代祷。

绝不舍弃他们任何一个，
儿誓要心怀到底，代求到底。
儿心如此迫切，父啊，
求父厚施慈恩，更新他们、改变他们。

儿在拓展承接的末时使命时，
愿他们成为各个领域的主力，
成为荣耀父名的主仆，
求父亲自引领浇灌。

父啊，儿心中
不曾有任何委屈，
也未有一点苦累，
我坚信他们必定全然得到改变。

为使他们成为父完全的果子，
我惟有向父仰赖，向父恳求。

父啊，求您心怀他们，
施恩帮助他们能够胜任主仆使命。
时刻谨慎自守警醒祷告，
万不可再行羞愧之事……

儿求父恩待他们，
使他们像我一样，时常在父面前
持守光明、良善、诚实之道。
为他们开启道路，
求父赐下恩典与能力，
引导他们成就心中愿望和异象，
担当所负使命。

以主的心肠，
为牧养灵魂的
主仆所献的祷告。

愿父垂听我迫切的祷告

我父啊，
是这儿子的错，在父面前，
呈上如此多的羞愧信函。

尽管我不惜舍命
尽心竭力拯救灵魂，
如今，在父面前还有这么多羞耻显露出现。

然而，父啊，
您为这儿子，这祭坛，
作随时的指引，常赐上好的福分，
我向您告白谢恩。

父啊，
儿一心拯救这些灵魂，
求父垂听我迫切的祷告，为他们
开出路，显荣光，施拯救。

144

在父面前，儿素来都是诚实正直，
在父面前，儿所思所想无不向善，
父啊，阿爸，父啊！

求施怜悯，
父善美的旨意，
请为这祭坛的众灵魂彰显。

我的生命，我的一切，
向来都是父的。

无论什么，
不管要我作什么，
父赐我的一切，我毫不吝惜，
惟有一样，我视为宝贵，
那就是父赐我向着这些灵魂的爱，
求父使这爱全然彰显！

为挽救背弃神道
犯罪的灵魂
恳切求神怜悯的牧者的祷告。

求父开活路

父啊，我的父啊！
尽管父说"这不是你的错"，
但我难以释怀，不能推脱。
我教导无方，责任在我。

再多一点关爱，
再多一些真理的教导和指点，
今天儿子在父面前，
或许不至如此内疚愧责。

对这些灵魂，我何忍相斥、何忍问责，
因为我是他们的领袖，他们的牧者……

担责隐退我不忍，
辞职卸任更不能。
我深知承担罪责的代价，
照着父的期许，扭转更新是我的使命，
儿向父跪地求赎。

不管任何方法，
只要能拯救他们，儿在所不惜。
父啊，求您开活路，
开活路拯救他们。

唯有父
方能成全这一切，
儿不得不陈明他们的罪，
祈求父能饶恕。

父啊，求您帮助他们，
拯救他们。

2010年圣诞节，
代替犯罪的圣徒，
向神深切地哀求重开拯救之路。

等候荣耀之日

感谢您，慈爱的父，
蒙父所托承负使命将近30年。
虽在许多圣工上荣耀父，
屡屡禁食，不住祷告，
但回忆往事，我仍心存惭愧。

分秒必争全然奉献，
向父的忠心、向灵魂的情怀，
虽倾尽全力，荣耀父名，
但想到所成就的，实在是抱愧羞惭。

阿爸，父！一刻不停走过的岁月，
太多的事牵心挂怀，诸多的工有待实现，
儿殷勤奔跑，奋力向前。
求父监察，督导指点。

在父面前是否怠惰、是否懒散，
儿反复深省察验。

亲爱的父，日后献于父的完美的圣殿、
父所喜悦的属灵之人……求父亲手成就。

我深爱的人们，儿期待他们的面容、他们的心怀
蒙父纪念，等候归荣耀与父的那天。
流泪的祷告、深切的恳祈、哀恸的代求，
结出应允和祝福之果，向父感恩敬献！

只是儿有心愿，
切盼更多人更新造就属灵的心。
脱净罪恶，脱去一切世俗的羁绊，
单单为父而活。
父啊，求您浇灌丰盛恩典。

直到主再来，
儿绝不放弃这些灵魂。
再救一个，多救一个，我定将他们尽数领入天国家园。
父啊，求您恩上加恩！

教会开拓30周年将至时，
满怀不愿放弃一个灵魂的仁爱之心
向父神献上的祷告。

悦纳眼泪

父啊，
感谢您！

父善美的旨意，
赋予本祭坛，
感谢您，如此亲领滋培众人生命。

儿的眼泪，父珍视悦纳，
赐我今天这般喜乐。

父，感谢您！

因圣徒们弃罪成圣，
造就为属灵人、全灵人
向父献上感恩的祷告。

只要一息尚存……

父啊，十年前、二十年前、三十年前，
儿持之以恒，不住祷告，
身为本祭坛的负责人，
在父面前始终如一。

虽毫无显兆，
儿单单寄望父日后显于我们的祝福与荣耀。
一息尚存的每一刻，
儿心唯有父、唯有主、唯有众灵魂。

双眼昏花、双耳失聪，
儿依然单望其中父的旨意。
我所引领，我所深爱的众灵魂，
惟愿带给他们丰盛、喜乐、幸福。

亲爱的我的父，
儿日日夜夜心怀父所预备的
宏伟至大的计划，前行不止。
成就父的旨意。

开拓教会30余载，
始终惦念父神旨意，
为众灵魂献上的祷告。

向世人的深邃的爱

父啊，
您何其荣美，何其完全！
父的深邃、父的广大，儿怎能言喻。
父的宽容、父的忍耐，人无法测度。

赋予我的使命，无人能成就的父耕作之计划，
父向着世人的爱，是高深莫测的爱，
儿愿将那爱传与地上所有的灵魂。

爱怜世人所流眼泪岂可估量，
为众灵魂所付出的牺牲何能言尽！

亲爱的父，
昨日，今日，明日，
儿无时无刻不在惦记父的心怀，心系父的计划。

儿向着灵魂炙热的爱，
切愿拥抱这众多的灵魂。

带着将深邃的父神大爱
传于万民的心愿献上的祷告。

152

在祝福筵席上……

父啊，此刻您是否临格！
儿的心可以感知您的莅临，
然而今天仍看不见想念的父荣颜，
父啊，您是否体察到儿此时的悲切心情。

多想依偎父怀，
倾吐心中的切慕之情，
但我的眼却看不到我亲爱的父，
儿恳切之心变得越发焦迫难耐。

我父莅临，
亲睹这祭坛。这里没有一样不是靠父成就，
儿切愿向您敬献更完美的果子，求您垂顾儿的心意。
儿深知若不靠父的作为，
我就算不得什么。

父啊，愿儿这恳切之心，能够化为对这地的祝福，
更大更丰盛地成就。

盼望父神应许的祝福，
凭信而行的牧者祷告。

153

今天依旧尽心竭力

承受这地的极限，
绝非易事。
我的主……您在世的圣工是否也是如此？

虽然得赐这大权能，
但在父旨意里面，填满公义
方能成就的圣工，
也带给我难抑的悲伤。

今日、明日，我之所以能够承受，
是因儿爱父至深，
许多灵魂与儿同心合一，
我绝不止步。

今日、明日，日复一日，
儿都尽心、尽意、尽力，
惟父的旨意得以成全。

只要我呼吸尚存，力气还在，
我的心都会为父和父的国、
为灵魂而热心满腔，
无论面对什么，我都能够完全承当。

亲爱的我的父，
亲爱的我的父，亲爱的我的主，
为了至爱的父所赐的羊群，
儿今依然倾心竭力。

2012年，在山上祷告期间，
为使神的权能全然得到彰显，
竭力前行不止的心愿表白。

愿乘上灵流奋力前行……

父神旨意何其宏伟，
何其广大。我父显明、
施展大能，使儿得力，
藉着儿子引领父的众儿女。感谢父！

父的作工、父的赐予、父的显明，
如今这许许多多的灵魂，
得以乘上父所营造的灵流，奋力前行。

愿我父所赐的这大福，
不单临到个别人，而是临到所有的灵魂，
但愿没有一人沉沦。

愿所有人乘上这潮流，脱罪弃恶，
活在父的爱里面。
深知这是我父旨意。
切盼他们都抓住这所赐蒙恩的机会。

满怀所有圣徒乘稳灵流
更新改变为真儿女的心愿，
向父神献上的祷告。

没有一个不爱的……

我的父，我的父，
我能够站立，是父的恩典。
能够与托付于我的羊群在一起，
也是因着父的恩典。

亲爱的我的父，
儿有心怀的夙愿，
诚心诚意向父求告。

切愿交付我的所有灵魂，
都能全然乘上这灵流，
速速成就父所赐宏伟蓝图。

有的人跟随我三十年，
有的人二十年，有的人十年，
有的人愚顽，只顾自己眼前的利益，
但都是儿的羊群。

父不愿一人在这灵流中落单，
使儿显明父之元本。

不愿丢弃一个，
也没有一个不爱的，
儿的心父您知道。

虽气殆力竭，双眼昏花，
双腿软弱无力，
我再次竭力聚敛心神。

但儿的心欣悦喜乐，仍因父的应许，
相信换来的是给他们的祝福。
儿再一次贯注精神，宣讲父的旨意。

切盼我的羊群，
我深爱的众灵魂感悟深明我心。

2012-2013年，辞旧迎新礼拜前，
以切盼不愿一人沉沦的心献上的祷告。

上山祷告

父啊，
遵父命，
儿迈步上山。

为我深爱的灵魂，儿发出元本的声音，
求父帮助，使那元本的声音
尽都临到他们，无一落空。

儿时时刻刻遵从父命，
儿的心，我父明了。
求父赐祷告的力量、改变的力量，
全然临到我深爱的灵魂。

儿倾力向父敬献，
为众灵魂尽献这一天，
愿父的完全
成全这一切，
深爱的众灵魂，儿向父交托！

2012-2013年，辞旧迎新礼拜结束后，
向父交托深爱的众灵魂的祷告。

159

如何才能拯救？

父啊，
今天儿仍然面对这些灵魂的罪。

世人愚顽，
误解我父、误解我主、误解我，
看着这些灵魂悲苦难耐，儿的心甚是哀恸。

竟有这样的意念，
反复自语困惑不解，最终还是
再次祈求父饶恕他们的过犯。

没有恨恶，没有憎嫌，
反倒心生爱怜，苦思如何拯救他们。

父是同样的慈心，
我深爱的主是同样的情怀，
在那漫长的岁月里，
焦心度日，苦苦期待。

父的爱，我主的爱，
那无尽的情怀，
深印我心间。

不管何时……直到主再来，
儿绝不放弃忍耐。

直到父所造的世人得到更新、重造、改变，
儿会恒心忍耐，潜心等待，全力引领以盼。

父交付我的使命，
为这宝贵的使命，今天流泪、
明日流泪，儿完全可以承担。

2013年在上山祷告中，
为深陷罪恶泥潭痛苦挣扎的众圣徒，
焦心流泪献上的祷告。

父的心怀

父啊，父的心意儿知道，
拯救这些灵魂心切，
父的爱，儿也明白。

父之元本即为爱，
父的心怀，意在拯救。

虽对他们怒言相斥，
但内心却为他们流泪，
儿深知父这般心怀。

父赐我上好福分，
父使我常享安慰，
儿怎能说不懂父的心意。

父的宽容忍耐，他们也明白，
但今天这一事件，
成为他们更深明晓父心意的起源。

感谢您！
我爱您！

我父啊，
那广阔、荣美的父怀，
虽切盼依偎，
但儿等候，
等候父召唤儿的那个瞬间……

替犯下不得救的重罪的众灵魂，
代受神劈砍的属灵惩治之刀，
献上的牧者祷告。

守望到底尽显父的荣耀

我的眼、我的耳，我的头、我的身体……
什么都不随我意、不从我愿，我遍受折磨，
但我心却充满无所不能的爱。

如今唯有爱的力量支撑着我，
凭信心和盼望都无法承受的艰难，
儿惟靠爱的力量支撑、承担。

无论躺卧，还是坐靠，我的心满是对父的思念，
汤匙在手，却恍惚不知所然，
站在那里，却茫然忘乎身在，我心单单是对父的思念，
切切地，切切地满是对父的思念。

"我活着，我还在；
日落了，天黑了；
亲爱的圣徒们聚会了！"这些都想不起来……
三十一年来……亲爱的圣徒们，
父的群羊，我的心从未离开……

我的群羊聚会的时间、
礼拜的时刻，
都不能靠我意识能辨，
令我徒增悲伤，
然而独有我的心，
比任何时候都充满着爱。

父啊，
是我的眼目昏花，还是过多泪撒，
不知是我的耳朵发沉，
还是听了过多不堪入耳的耻事⋯⋯
然而，我不介意。

众灵魂的更新，以及我心中炽热的爱，
激励、扶持我，使我再次奋力向前，
只为那守望的尽头父的荣耀彰显⋯⋯

山上祷告中为圣徒们的改变
和属灵成长，以及祝福，
填充公义献上的告白。

165

只想挽救这些灵魂……

人们愚顽糊涂，
亵渎父名，辱没这儿子。

父，儿没有厌弃憎嫌，
而是一心想挽救他们，
惟愿为他们开一条路，使他们更新、重造、改变。

古人先知的一生、
我心爱主的生平，
皆为众灵魂求拯救之路、信心之路、荣耀之路。
儿心中惟有救人的意念……

"底线何在……要到几时……不能再……"
想到这里，甚觉过分，
但对他们的爱，
使我心意回转，再次燃起施救的意愿。

父啊，
愿父以公义
显明父的大爱，
照父计划成就施展。

一切由儿来负责承担。

2013年的复活节，
即使羞辱神名的灵魂也愿施救的迫切心情，
向父神献上的祷告。

使父得安慰

父，
儿知父在顾念！
靠父恩典，
儿这一天也为众灵魂倾心竭力。

松弛片刻，似乎瞬然瘫软，
但又靠父所赐的力量，
振作精神，遵行父意愿。

辛酸往昔，
回首再看，
若不靠着父的恩典，
儿又怎能承担。

我受的苦楚，
非同父的哀恸一般，
体恤我的苦楚，施与我如今这般恩典，
都是因着父的爱。

从此儿子和这祭坛
将使父得安慰，
父啊，
从此止息父宝贵的眼泪。

如今的我，呼吸喘促气短，双腿无力抖颤、
眼角流泪溃烂，
但我坚信照着父的应许，复活在盼。

父的旨意，
那至大父的圣心，
充满在这祭坛。

2013年复活节，
满怀圣徒们能够成就属灵的复活，
使神得安慰的期盼献上的告白。

我从未吝惜

父，我的父！
我从未回避走这条路，
从未后悔抱憾。

只要有可能，
哪怕是我的眼、我的耳、我的手、我的膀臂、我的呼吸，
甘为众灵魂舍献。
只要能够成就父的旨意，
可怜的灵魂们得以重生，我对自己的付出从未吝惜。

歇工稍息、躺卧片时、保留少许，
我从未有过这样的心思。
未曾想过"归我所有"，从未强调"唯我专属"，
凡我所有都甘心施予，
即使为之一无所剩，舍命牺牲也在所不惜。

这是我的衷肠，
是父对灵魂的爱。

认为这是我的责任，是我应尽的本分，
直到现在。

此刻也在想着，儿还有什么舍给他们，
怎么做，能让他们获得灵恩的充沛，
藉我体尝父爱的滋味。

我至爱的父，我的主，
只要口念父名，也甚是想念，
如果忍耐思父之情，暂且不见，
能够换得这些灵魂多享恩泽，
放弃这些我也甘愿。

至爱的我的父，我的主，
我的心肠一如既往，今日，明日，
依然满怀感恩、仁爱、信心，向前直奔！

2013年收割感恩主日，
临行上山祷告前，
愿舍尽所有为灵魂的牧者告白。

所爱的祭坛

我一如既往，
一心寻求父的美意，
已然越过三十余载。
到了如今这一刻，
儿心已然模成父的心，
宛若流过的岁月长河，变得博大宽阔。

有时查验"归荣耀与父，
是否还有缺欠"？
有时省察"本可以献父更多，
是否考虑还不周全"？
有时深思：
"即便像加略人犹大一样的人，
能否还有拯救的方法？"

对父的思念满我心间，
不能相见思更深，日日月月惟以泪水洗面，
盼望再会那一刻，奋力走过每一天，

走过历程父记念，
行大奇事
在这祭坛。

直到投入父怀那一天，
儿没有丝毫停歇不前，
因为儿本是父的。

连停歇片刻
都不容的日日夜夜，蒙父褒赏，
唯有父的荣耀
充满在这祭坛。

回顾过去30年的牧会工作，
凭信盼望日后彰显的父神权能和旨意，
以及所要结出的果子，向神献上的告白。

爱的痕迹

何需忍耐！
毋庸等待！
这些单词于我，岂有必要？

日复一日，旦夕更迭；
月复一月，光阴转换；
年复一年，春秋轮替。
岁月的研磨在我身上烙下重重对灵魂们爱的印痕。

宁愿舍出我的眼、我的耳、我的手、我的脚、
我所有的器官、甚至我每一个细胞……
只要能使他们得到拯救、
只要能使他们得进更美的天国，
乃是我如今活着的理由，
伴我跨过许多岁月的壑沟。

然而所留下的是对他们的爱，是刻在我心中的凭证。
强撑身体，力竭难支，

我心中依然满了感激。

因我一人众人得救，
很多人成为父真正的儿女，
奇哉！父的爱，
是我的安抚，成为我暂时的宽慰。

所以我的每一天，
都是仁爱和眼泪凝聚的时光片段。

记念这岁月的，惟有一位，
就是我的父！
我深爱着的父！

满怀无数圣徒结出信心之果的期待，
一天天靠爱支撑、以泪度日的
牧者的告白。

牧者的泪

父，
我的父……

我当遵从父命，
但我的父、我慈爱的父，
我怎敢正面迎撞。

虽是父的指示，
儿深知父的善、父的爱，
怎敢与父的光相较。

对我的父，我所做的
唯有以爱就近父前。
父，这是儿心的真实写照。

父，
此刻父若在我眼前，
我的心必化作眼泪流淌，

那就是儿思父之心、
爱父之怀。

父啊，
我怀想您、
我思念您！我的父！
我切慕依偎父的怀抱，
愿我的心得父圣心的拥抱。

我试图阻止念想，
思父的情感却愈阻愈旺，
惟愿我的心化为荣耀，
成为父的荣耀……

对至爱的父神，
满心焦切思念的
牧者告白。

为父荣耀

倘若只凭眼前显明的实像揣摩思量，
我怎能领会参悟父的心肠……
如果借托父名固执坚持我的意愿，
后果实在不敢想象……

那样的心我不曾有过，
此刻我内心的疚歉，使我一丝不苟细细查验。
我心时时刻刻单单仰望我的父、我的主……
这是我的感恩，
毫无自我的这心，一直让我感谢父的恩典，
如今父却命我无须再依靠祂，
我生命的父啊！

我的人生，我的全部。
自始至今，仰赖我父、依靠我主。
父却要我从此单单依靠我里面的圣灵，听其声、遵其命。
父为我详解启示，我木视为喜乐，
命我前往就遵行，叫我等候就顺从，这样最容易、最轻松……

且走且行，父您让我自行抉择道路前行，
此事之难，我自深明。
赖父信任，承父期望，奉命尽忠，甚是感恩，
然而茫然与无助，又岂能言表此时的心情。
我得以感知我父也常独居这空虚之中……

今天我默念父心的良苦，
光照我开展的圣工。
查验我所做是否贴近父的初衷……
眼前虽然什么都望不到，但我意会心明。
因为您就是我的父，
凡命我之事无不良善，
日后的结局尽都善美……

我今日依然奋力，
为心爱的人们，
为父的至爱、父的荣耀。

在神的旨意当中，预备末时，
为得解神意，
山上祷告中献上的告白。

愿父得荣耀！

父，儿为荣耀父名
来到此处。
不是数日，而是数年，
儿单单盼望父的荣耀彰显。

好久没有和心爱的圣徒们在一起了……
为了彰显父的荣耀，
儿来到这里。
真是畅快！感谢父！
父的荣耀将大得彰显，
儿无比幸福，喜乐欣然。

父所要指示的，儿已心领意会，
感谢父！
时刻让儿的心受感，
从未忽视儿的心意。
今日，愿父得荣耀无限！

2013年，夏季修炼会第一天，
向通过惊人的权能作工
大得荣耀的父神献上的祷告。

以万民的名彰显无限的荣耀

日复一日，
父爱积攒，
父所赐祝福甚大，
成就父圣工所需祝福积存齐全。

如今呈显的并非所有，
仰望应许这祭坛的极大祝福，
今日我依然奋力向前。

父的爱改变了我所爱的人们，
必然波及有待变化的众多灵魂。
父的权能无极无限！

亲爱的父，
那爱的力量何其之大，
向万民、向无数灵魂显明，儿充满期待！
期待借心爱的万民之名，将要彰显无尽荣耀……

为成就父神所托付的末时圣工，
在山上祷告中，满怀日后所要彰显的
无尽祝福和荣耀的期待，献上的告白。

181

我今依然奔跑不息

我牧会工作的新的高峰，如今，
靠圣洁福音成就末时旨意的预备之工，
在父的计划当中具备初形。

一个接一个，向灵、向全灵
不断进深的我心爱的圣徒们，
我祷告蒙允的凭据正在显明，
托付我的末时的旨意，
我深信它的至大辉宏！

"泪流成河"的形容仿佛有了实证，
我的眼泪流成了河，
甘愿为子付出一切的父母之情怀，
在我身上毫无保留，淋漓体现。

舍了又舍，独有一样留下，就是我这最后的喘息，
唯独留此不舍，
乃因我必须暂留在世，与他们同在一起。

我并非为我自己，
乃为这些灵魂、为父的国度取舍留弃，
今日我心怀顾念众灵魂，单凭这尚存的气息，
为了尽早迎来父所定的时候，
我依然奔跑不息。

思念的人太多，
虽然在我的记忆中模糊健忘，
我心却无不记念。

一个个灵魂，一个个工人，
他们是如何被引领到这祭坛，
他们的信心怎样？所求为何？
应该带给他们怎样的恩典？
没有顾虑在属肉空间映显的形像，
单凭我满心留存的爱，
做好准备与他们相见。

2013年圣诞节前夕，
为成就末时的旨意做准备的牧者，
在山上祷告结束后献上的告白。

直至那果子完全成就之日

"我今日成了何等人，是蒙神的恩才成的"。
愿我所有的圣徒，
莫忘我父所赐的这恩典……
切莫遗忘如果没有父恩，
不会有今天的光景……

所赐的恩典岁月，我未曾忘怀，
今日成为引领这众人的牧者，
愿心爱的人们，切莫遗忘得享的这恩典，
全赖父的眼泪所换。

荣美至极的圣所，
为多领一个人进入而流的泪，愿他们切莫相忘……

我从未觉得孤单，
自我担当牧者那一刻，
或吃或喝，祷告，呼吸，
我的眼里满是我的羊群。

从未忘记，他们所求……
带给他们的恩典……
我该肩负的重担……

虽说如此，感恩常伴我心，
因有我对他们的爱……
更因我内有父的爱……

日复一日，烙在岁月中的我的爱，
传达我亲爱的人们，
直至那果子完全成就之日，我前进的步伐刻不停息。

我的爱没有尽头……
我父的爱更是无极无限……

以愿赐上好福份的
父神的心为心，
抒发对灵魂的眷爱之情。

盈满父眼里的众灵魂

为了让许多圣徒蒙父丈量
本无法获知的信心的分量，
儿诚然洞悉父的心怀。

思想着父的爱、父所付出的的辛劳，
我的心与父一样，
从未相厌，从未言弃，从未掩面。

像信赖我一样，对他们也寄予信赖；
像爱我那样，也给予他们同样的爱。

我对他们同样珍爱，
新耶路撒冷牧者的城，领他们进入是我所愿。
父欣然应许，以慰我怀。

尽管他们仍有不足，
但父展望他们未来，
惟愿有更多灵魂盈满父眼。

期待无数圣徒
进入新耶路撒冷的心怀
向父神献上的告白。

亲爱的我的父

感恩称谢您，我的父！
父的荣耀大得彰显，
父的完全尽显无遗。

等待无数岁月的我的父，
我倾尽我的所有，尽献感恩！
感谢父时刻与儿同在、随时看顾引领这祭坛。

父的荣耀普世彰显，
感恩之心何以诉尽！
儿的感恩化作眼泪，
父的等待造就美果，
儿心也方享真平安。

我的父啊，我亲爱的父啊！
父啊，我的父！今日对您更为思念，
对父赤诚之爱，我无法抑掩。
亲爱的我的父，儿只有将感谢敬献！惟有将感谢敬献！

能够得享真安息的
迦南圣殿建成后，
向亲爱的父神献上的告白。

187

空中婚筵上的告白

亲爱的父，我的主啊！
依偎父怀，倾心吐意，
那心底的爱的情愫，
难以言喻的感动如潮涌来。

按捺不住的思念，
焦切难耐的渴盼，
化作抑制不住的眼泪，
沾湿浸透我的衣袖襟怀。

从何言起，如何接叙，
那每一个每一个瞬间，向着天家、
向着天父的爱恋和无尽的思念，
使我得居如今这般荣耀之中。

父啊，
这大喜乐与感动激荡奔涌，
儿却另有牵挂涌聚心头，求父垂听。

愿父心怀留在地上
为父效力的人们，
顾念那些灵魂在仰望救恩殊死奋争。

靠父所赐的恩典与机会，
有信获救的人，
必得父的拯救，父啊，求您帮助！

在父的计划当中，
直至他们在所定之日都能欣然赴宴，
求父深怀记念。

我的眼泪，我这眼泪，
伴着与父相见的喜乐和感动涌流而来，
又因向着他们的哀切和牵挂淌流不完。

亲爱的我的父啊，我爱您！

将来主从空中再临后，
在父神摆设的婚筵上，
献于父的第一首牧者的告白。

在新耶路撒冷献上的告白

我的父啊，
如星闪烁，如日发光的众灵魂，献于父怀。
为了将众灵魂领入此处，得进这荣美的圣所，
在父面前切求、哀恸的日日夜夜，
孕育造就了父耕作的果子。

儿所做并没有什么，
惟靠父的恩典、全备的爱成就这一切。
如今儿的眼泪化为珍珠，收成美果，
来到流泪思念的父面前，
投进温暖的父怀。

思念之深，无以言表，
我的父、我的主，
思念之切，无以言状。
儿深切思念之泪，
求父用您柔和的圣手为儿擦拭。
我的父，我的主啊！

末时成就神的旨意，
进到至美天国新耶路撒冷圣城，
向父神献上的告白。

父、主与我

我父、我主与我，
深切向往的圣名，
千呼万唤，也难慰我切切的思念。

焦灼的思恋，深沉的爱，
深深爱慕眷念的
我的父、
我的主，
我的全部！

为了成就拯救万民的末时旨意，
忍耐焦切的思念，在这地上献上的告白，
镌刻在天国居所的神的爱。

告白
Confession

在未获得乌陵出版社书面许可的情况下,不得对本书的内容进行制本、
复印、电子传送等。

本书所引圣经经文取自《现代标点和合本》

作　者: 李载禄
编　辑: 宾锦善
设　计: 乌陵出版社设计组
发　行: 乌陵出版社 (发行人: 宾圣男)
印　刷: 艺源印刷厂
出版日期: 2014年3月初版 (韩国, 乌陵出版社, 韩国语)
　　　　　2014年6月初版 (韩国, 乌陵出版社)

Copyright © 2014 李载禄博士
ISBN 978-89-7557-928-8
Translation Copyright © 2014 郑求英博士

问 讯 处: 乌陵出版社
电　话: 82-2-837-7632 / 82-70-8240-2072
传　真: 82-2-869-1537
E-mail: urimbook@hotmail.com
www.urimbooks.com

"乌陵"是旧约时代大祭司为了求问神的旨意放在决断胸牌里使用的器物之一,
希伯来语意为"光"(出28:30)。

www.ingramcontent.com/pod-product-compliance
Lightning Source LLC
Chambersburg PA
CBHW020238130626
46549CB00005B/1959